dtv

Seit eine Ampel den schmalen Brückenübergang nach Pontavicchio, der Wahlheimat Wolfgang Schmidbauers, regelt, ist etwas verloren gegangen: Die früher selbstverständliche Übung in rücksichtsvollem Verhalten ist einem Mehr an technischer Obrigkeit zum Opfer gefallen. Nicht zu vergessen die zusätzliche Belastung durch Treibstoffverbrauch und Abgase.

Den »Homo consumens« hat der bekannte Psychotherapeut schon immer mit kritischem Auge betrachtet und daran die Frage angeschlossen, was eigentlich wahrer Fortschritt sei. Besteht er etwa in der blendenden Oberfläche, der verwirrenden Vielfalt und technischen Extravaganz unserer Konsumgüter, die – und das ist die andere Seite der glänzenden Medaille – für den Konsumenten nicht mehr erfassbar, durchschaubar, reparierbar und zu hundert Prozent nutzbar sind? Wie anders dagegen die einfachen Dinge wie Axt, Hammer oder Sense! In einem sehr persönlichen, anschaulichen und unterhaltsamen »Lexikon« verfolgt Wolfgang Schmidbauer »die vielfältigen Aspekte der Intelligenz und der Dummheit, die – öfter verborgen als offen – aus den Dingen und unserem Umgang mit ihnen auf uns zukommen«.

Wolfgang Schmidbauer, geboren 1941 in München, promovierte 1968 über »Mythos und Psychologie«. Tätigkeit als freier Schriftsteller, Ausbildung zum Psychoanalytiker, Gründung eines Instituts für Analytische Gruppendynamik. Psychotherapeut und Lehranalytiker in München. Autor zahlreicher Bücher, darunter: ›Hilflose Helfer‹, ›Jetzt haben, später zahlen‹ (1996), ›Vom Umgang mit der Seele‹ (1998).

Wolfgang Schmidbauer

Die einfachen Dinge

Deutscher Taschenbuch Verlag

Originalausgabe
April 2003
© Deutscher Taschenbuch Verlag GmbH & Co. KG,
München
www.dtv.de
Das Werk ist urheberrechtlich geschützt.
Sämtliche, auch auszugsweise Verwertungen bleiben vorbehalten.
Umschlagkonzept: Balk & Brumshagen
Umschlagfoto: © Wolfgang Schmidbauer
Gesetzt aus der Minion 9,5/11,75˙ und der Frutiger
Gesamtherstellung: Druckerei C. H. Beck, Nördlingen
Gedruckt auf säurefreiem, chlorfrei gebleichtem Papier
Printed in Germany · ISBN 3-423-36308-8

Einleitung: Das dumme Ding

Von den vielen möglichen Orientierungen über das, was klug und was dumm ist, bevorzuge ich eine möglichst erdnahe, die davon ausgeht, dass der Mensch seinen Platz in der Evolution vor allem durch seine Intelligenz erreicht hat. Es gibt bessere Jäger, schnellere Läufer als ihn; den Mangel an spezialisierten Anpassungen kompensierten schon unsere Vorfahren in der Evolution durch geistige Fähigkeiten. Wenn uns gegenwärtig unsere Intelligenz nicht daran hindert, Atomkraftwerke zu bauen, Tropenwälder zu roden und die Ozonhülle zu schädigen, dann zeigt das, dass die materiellen Strukturen, die solche Entwicklungen bedingen, stärker geworden sind als die menschliche Einsicht. Ich nenne diese materiellen Strukturen die dummen Dinge und entwickle gegen sie ein Panorama der klugen Dinge, die unsere alte Überlebensintelligenz wieder wecken und fördern.

Wenn wir Unlust verspüren, erhält unser Verstand den Auftrag, dem abzuhelfen. Er geht in der Regel ökonomisch vor, das heißt, er bevorzugt gebahnte Wege, auf denen das Ziel schnell und bequem erreicht wird. Andererseits ist zu viel Bequemlichkeit nicht gut, sie macht uns träge, lässt unsere Fähigkeiten verkümmern, sperrt uns von neuen Erfahrungen ab. Aus diesem Grund gibt es auch eine Neigung, den gebahnten, bequemen Weg zu verlassen, etwas Neues auszuprobieren, einen Weg zu gehen, den noch niemand betreten hat. Die bequemen Wege aus der Unlust führen in die Unlust an der Bequemlichkeit, die Routine ist und von der wir dunkel ahnen, dass sie uns schwächt, weil sie unsere Fähigkeiten verkümmern lässt, uns für künftige Anforderungen zu wappnen.

Ein Mann mit einem schmalen Rucksack bucht bei einem kanadischen Buschpiloten im Frühling einen Flug zu einem See mitten in einer sonst unzugänglichen Wildnis. Das Wasserflugzeug landet, der

Mann steigt aus und sagt dem Piloten, er solle zurückfliegen und ihn nächstes Jahr um diese Zeit wieder abholen. Der Pilot will das nicht glauben und lässt sich den Inhalt des Rucksacks zeigen: eine große Axt, Angelschnüre, Unterwäsche, ein Jagdmesser. Schließlich, da sich der Passagier nicht umstimmen lässt, verspricht er in einem Jahr wiederzukommen und nimmt eine Vorauszahlung entgegen.

Ein Jahr später landet er an derselben Stelle. Am Ufer des Sees steht ein Blockhaus, aus dem lehmverputzten Schornstein wölkt sich Rauch. Die Hütte ist wohnlich eingerichtet, mit steinerner Feuerstelle, einem pelzbedeckten Bett, Tisch und Stuhl.

Was ein Pilot zum Überleben braucht, ist anders als das, was ein Trapper braucht. Das ist unvermeidlich. Aber wenn uns heute der Trapper so viel mutiger und tüchtiger erscheint als der Pilot, zeigt das doch, wie dumm wir durch unsere bequemen Dinge gemacht werden und wie viel Intelligenz die einfachsten Werkzeuge wecken.

Der Pilot hat ein embryonales Verhältnis zur Technik entwickelt; er kann sich nicht vorstellen, wie es möglich ist, mit einfachsten Mitteln zu überleben. Sein Umweltbezug ist kokonisiert. Solange sein Apparat funktioniert, stört es ihn nicht, was außerhalb dieser Hülle geschieht. So gesehen ist die Axt ein kluges Ding, das Flugzeug ein dummes, und dazu passend versteht in unserer Geschichte der Axtträger durchaus, was in dem Piloten vorgeht, aber dem Piloten bleibt der Axtträger ein Rätsel.

Dumme Dinge haben so viel Intelligenz verzehrt, während sie konstruiert wurden, dass schließlich dem Benutzer gar keine Gelegenheit mehr bleibt, seine Intelligenz einzusetzen. Unter diesem Aspekt gibt es natürlich auch Flugzeuge, die dümmer sind als andere. Das Wasserflugzeg des Buschpiloten ist wahrscheinlich intelligenter als der Jumbo einer Fluglinie. Aber was sind beide, verglichen mit der Axt?

Zu den dümmsten Aussagen über Technik gehört die, sie sei neutral, es komme lediglich darauf an, was der verantwortliche Mensch mit ihr mache. Neutral ist Technik nur bei Handwerkszeugen wie Hammer und Sichel, die zwar unsere Fertigkeiten vergrößern, jedoch keine Suchtqualität entfalten und auch nicht vorgaukeln, es gäbe einen Gewinn an Macht ohne Kosten. In der Konsumgesellschaft wird Technik systematisch benützt, um süchtig zu machen; kommerziell erfolgreiche Waren beruhen weitgehend auf solchen Mechanismen.

Der Motor steigert die eigene Körperkraft und erweitert vor allem die Grenzen ihrer Ausdauer. Wer mit der Hand sägt, findet die Bewegung nur kurze Zeit angenehm. Bald ist sie anstrengend. Sägt er weiter, schmerzt sie. In der Industriegesellschaft, in der Fleiß (lateinisch: industria) eine Leittugend ist, gehört es zum Stil des Arbeiters weiterzusägen, auch wenn der Arm schmerzt. Die Maschine steigert seine Leistung und erlöst ihn von diesem Schmerz. Durch diese verzerrte Beziehung zur Anstrengung explodieren in der Konsumgesellschaft die scheinbaren Entlastungen.

Auch wenn er Waren produziert, die dumm und träge machen, wird jeder Industriebetrieb Regressionen innerhalb seines Machtbereichs kontrollieren. Seit es Institutionen gibt, besteht diese Gefahr einer Delegation der Regression nach außen. Ein historisches Beispiel ist die in Kriegen praktizierte Regression der Soldaten gegen den Feind. Wer den Vorgesetzten nicht richtig grüßt oder dem Kameraden eine Packung Zigaretten stiehlt, wird schärfer bestraft als einer, der im Feindesland plündert und vergewaltigt. Ähnlich wacht die Mafia, die den Drogenhandel kontrolliert, mit drakonischen Sanktionen darüber, dass kein Mitglied der Organisation selbst von dem Gift abhängig wird.

In einer Fabel aus China lehnt der Weise den Hebelbrunnen ab, weil er fürchtet, durch seine Benutzung selbst wie eine Maschine zu funktionieren. Günther Anders[1] hat diesen Gesichtspunkt der Ansteckung durch die Maschine um den Aspekt der Beschämung durch sie ergänzt. Seine Formulierungen über die »prometheische Scham« beschreiben die Reaktion auf Produkte angehäufter, überindividueller menschlicher Erfindungskraft, vor der die eigenen Fähigkeiten kümmerlich erscheinen. Diese Einwände gehören in eine Zeit, in der sich das selbstkritische Indidivuum noch von den regressiven Reizen der Konsumgesellschaft abgrenzen konnte.

Heute überwiegen Verschmelzungen mit den Maschinen, deren

---

[1] Anders, Günther: Die Antiquiertheit des Menschen. 2 Bände. München 1980.

übermenschliche Qualitäten schamlos zur Steigerung des eigenen Machtempfindens und der Verwöhnungsbedürfnisse dienen. Solange Kühlschränke, Automobile und Videorekorder immer besser werden, sind wir auch davon abgelenkt, darüber nachzudenken, ob sie nicht prinzipiell unbekömmlich für den Menschen sind.' In der Verschmelzung und Identifizierung mit dem Konsumguten ist das erschlichene Machtgefühl nicht mehr erkennbar. Der Konsument ist Sieger, wenn nicht über die düstere Zukunft, dann doch über die hoffnungslos rückständige Vergangenheit, in der beispielsweise ein Auto noch eine Handkurbel hatte, um es anzuwerfen, ein Motorrad mit einem Fußtritt gestartet wurde, ein Fotoapparat mithilfe eines Daumendrucks den Film transportierte oder eine Uhr aufgezogen wurde und nicht alle zwei Jahre eine Portion Batteriegift in die Umwelt entließ.

Wären sie nicht selbst Teilhaber an diesem selbstverständlichen Machtgewinn, dann würden die Intellektuellen und die helfenden Berufe öfter darauf hinweisen, wie wenig die Warenverwöhnungen auf die unausweichlichen Enttäuschungen des Lebens vorbereiten und wie groß die Gefahr wird, dass kleine Einschränkungen wie unerträgliche Frustrationen erscheinen, die nach sofortiger Rache schreien. Schließlich ist es in der Welt der stummen Diener um uns herum selbstverständlich geworden, dass die kleinste Unbequemlichkeit von einem geräuschlosen Servomotor beseitigt wird.

Vertrauen setzt voraus, dass im Grenzfall der Vertrauenswürdige gegen seine eigenen Interessen handelt, um das Vertrauen nicht zu enttäuschen. In einem gesellschaftlichen Klima, das die eigene Bequemlichkeit zum sittlichen Gut erklärt, ist Vertrauen schwerer zu haben als alles andere.[2] Dabei wirkt die Warenbotschaft nachhaltiger als die ethische Erziehung, die nach wie vor Gemeinwohl, Altruismus

---

[2] Eine makabre Pointe in diesem Prozess ist, dass dieselben Medien, die ihn auf der einen Seite fördern, auf der anderen Seite eigene Magazine entwickeln, in denen periodisch veranschaulicht wird, dass man keinem Experten trauen darf: Autoreparaturwerkstätten finden den Fehler nicht und berechnen stattdessen sinnloses Teiletauschen, Zahnärzte sanieren sich durch die Sanierung gesunder Zähne, Aufsperrdienste machen Schlösser kaputt, um anschließend Ersatz teuer zu verscherbeln, usw.

und Vertrauensbeziehungen betont. Der Vertrauensschwund ist chronisch und allgemein. Er wird nur in den Massenmedien periodisch wie ein aktuelles Problem abgehandelt, das mit vermeidbaren Fehlern zusammenhängt.

Die typische Maschine der Industriegesellschaft wird in einem verschraubten Gehäuse geliefert, mit Werkzeug und einer Anleitung, wie mit Störungen umzugehen ist. Die typische Maschine der Konsumgesellschaft tritt als ein unzerstörbares Wunderwerk auf. Das Plastikgehäuse ist verschweißt. Bei Störungen während der Garantiezeit wird das ganze Gerät ersetzt, bei einer später notwendigen Reparatur rät der Kundendienst (falls es ihn gibt), lieber das neue Modell zu kaufen, eine Reparatur lohne sich nicht. »Industriestandard«, eine mit Ersatzteilen ausgerüstete und reparaturfreundliche Maschine, ist in der Konsumgesellschaft eine teure Spezialanfertigung, deren Wert zu schätzen und die auf dem Markt zu finden Spezialwissen erfordert.

Ein Unternehmen, das einen reparaturfreundlichen Staubsauger anbietet, muss mit Umsatzeinbußen rechnen, wenn es keine Kontrolle über die Ausbeutung der regressiven Haltungen von Konsumenten gibt. Diese glauben erst einmal der Werbung, die ihnen perfekte Funktion vorgaukelt, die für wenig Geld zu haben ist; enttäuscht hoffen sie beim nächsten Produkt auf Erfüllung. Wer die regressiven Neigungen der Konsumenten fördert, macht mehr Umsatz und kann mehr Geld in Reklame investieren, die den Absatz seines Schundes weiter steigert. Die Ware programmiert den Konsumenten. Angesichts einer Störung fällt ihm nichts ein, weil er weder weiß, wie sein Gerät funktioniert, noch dieses ihm irgendetwas beigebracht hat.

Die Störung führt zu keinem progressiven Schritt, beispielsweise zu einer genaueren Kenntnis des Produktes und seiner Qualitäten. Der Konsument soll das nächste Produkt kaufen, ohne nachzudenken. Darin liegt seine Lebensqualität: Es gibt immer genug Produkte. Leider halten es Sozialberufler meist für unter ihrer Würde, sich mit Armbanduhren und Staubsaugern zu beschäftigen. Andererseits sind sie mit Fernwirkungen der regressionsfördernden Produkte konfrontiert, die sie zur Verzweiflung bringen.

Wer heute mit Ärzten spricht, kommt bald auf ein Thema, das vielen (und gerade den engagierten, nicht am raschen und bequemen Gelderwerb interessierten) Medizinern die Freude am Beruf vergällt. Patienten wollen zwar ihre Gesundheit wiederhaben, aber auf nichts verzichten. Der Doktor soll doch – wozu verfügt er denn über diese wunderbaren Apparate – das Herz in Ordnung bringen und die chronische Bronchitis wegschaffen, aber bitte nicht schon wieder die Leier vom Verzicht auf die Zigarette und von der Gewichtsabnahme! Fällt ihm denn gar nichts Besseres ein? Kein neues Medikament, keine Injektion, auch nicht die Laser-Akupunktur, von der neulich zu lesen war? Hat er nichts Angenehmes zu sagen? Dann kaufe ich mir einen anderen Experten!

Der Medizin sind Leistungen möglich, die der menschlichen Mobilität in einem Zweisitzer mit Zwölfzylindermotor entsprechen: die dritte Herztransplantation bei einem Achtjährigen, Operationen im Greisenalter, die Rettung von Unfallopfern, die dann ein halbes Menschenleben im Koma liegen. Maßnahmen, die mit Verzicht und Disziplin zusammenhängen, können gegenwärtig für die Lebensqualität der Bevölkerung unendlich mehr leisten als alle kostspieligen chirurgischen und medikamentösen Neuerungen. Obwohl wenig beachtet, ist doch die Sackgasse erkennbar, in die wir geraten, wenn wir anfangen eine durch Alkoholismus bedingte Leberzirrhose durch die Transplantation eines gesunden Organs zu »heilen« oder Fettsüchtige dadurch zu behandeln, dass ihnen ein Stück Dünndarm herausgeschnitten wird.

Anders als die neolithische Umwälzung durch Ackerbau und Viehzucht beruhte die industrielle Revolution auf durchdachten Projekten. Das weckte den Glauben, dass es möglich sein müsste, auch Humanität zu planen und zu verwirklichen. Die Konsumgesellschaft hat diese Qualitäten verspielt. Ihr Linsengericht mag leckerer sein als das, welches Esau sein Erstgeburtsrecht kostete. Aber es steht auch mehr auf dem Spiel.

Weil das neue Auto über zweihundertdreißig Stundenkilometer schnell ist und einen Motor von jener Stärke hat, die sonst einen Omnibus bewegt, braucht es auch Antiblockiersysteme, Gurtstraffer, Airbags rundum, einen Seitenaufprallschutz und ein denkendes Fahrwerk. Um zu verhindern, dass die machtvoll getriebenen Reifen beim Anfahren verheizt werden, ist eine Antriebsschlupfregelung eingebaut. Kurzum, wer sich auf diese sinnlich fassbare und faszinierende Absurdität einlässt, ist von vertrauten Problemen und vertrauten Lösungen umgeben; er fühlt sich in der Beschäftigung mit einer Maschine, die seinen Kindern Erde und Luft wegnimmt, geborgen.

Diese Dynamik erinnert an archaische Konkurrenzen der Waffenschmiede. Immer wird der Panzer, den der eine fertigt, durch die Klinge geprüft, die ein Zweiter macht. Jeder ist so gezwungen, ständig die Fortschritte des Rivalen durch neue, eigene Bemühungen zu kompensieren. So müssen Sicherheitstechniker antreten, um die Gefahren zu mildern, welche durch den stärkeren Motor geschaffen sind. Niemand versucht das System zu entschleunigen, durch die weniger aufwändige Gestaltung des einen Teilsystems ein anderes zu entlasten. Bei einem Unfall mit der Hälfte der Höchstgeschwindigkeit sind die Sicherheitssysteme jedoch bereits ohnmächtig. Solche Muster sind universell geworden.

Durch die industrielle Produktion wird die traditionelle Handwerkskunst auskonkurriert; sie geht verloren, weil die Konsumenten nicht in der Lage sind, einem Angebot zu widerstehen, das deshalb so billig sein kann, weil die Kosten der industriellen Produktion einer Umwelt, die sich nicht wehren kann, und einer Gesellschaft aufgebürdet sind, die noch nicht in der Lage ist, über das Warenganze zu reflektieren.

Der bengalische Mystiker Rabindranath Tagore hat einen typischen Verfallsprozess beschrieben, als er das Debbie und das Chatti verglich. Beides sind Gefäße, mit deren Hilfe die indischen Frauen Wasser in ihren Haushalt bringen. Das Debbie ist ein Blechkanister, der früher Öl oder Benzin enthielt; das Chatti ein Krug, den der Dorftöpfer macht. Das Debbie ist praktisch umsonst zu haben und zerbricht nicht; das Chatti ist handwerklich hergestellt und schön. John Seymour setzt hinzu, »dass selbst eine hübsche Frau mit einem Debbie auf dem Kopf hässlich aussieht, während auch eine weniger schöne Frau mit einem Chatti auf dem Kopf graziös wirkt. Außerdem ... trägt der Gebrauch des Chatti dazu bei, einem Freund und Nachbarn im Dorf eine Lebensgrundlage zu geben, während das Debbie vorwiegend zur Verschmutzung und Entwürdigung unseres Planeten beiträgt.«[3]

Neulich las ich einen Bericht über Afrika, der die schwer wiegenden Rückschritte auf diesem Kontinent beschrieb: die räuberischen Gruppen von Polizei und Militär, die ihr Gehalt denen abpressen, die sie beschützen sollten, die allgegenwärtige Korruption, die politischen Behinderungen humanitärer Hilfe, durch die eine Hand voll Maismehl für ein afrikanisches Kind teurer zu beschaffen ist als die Mahlzeit eines Europäers in einem Dreisternelokal. In dem Düster wurde ein Lichtblick beschrieben: der Kanister. Leicht, billig und unzerbrechlich sorgt er dafür, dass auch Kinder Wasser holen können und ihre Mütter sich stundenlange Wege ersparen. Früher, als es nur Tonkrüge gab, war das unmöglich. Wir sehen, es ist nicht leicht, Urteile über Dinge zu fällen. Die Folgen von Erschwernissen können ebenso problematisch sein wie die Folgen von Erleichterungen.

Einerseits ruiniert das Debbie die dörfliche Wirtschaft und macht den Töpfer brotlos; es ist hässlich, ein Fremdkörper, Plastikmaterialien oder Farbreste an schon benutzten Kanistern sind vielleicht giftig. Aber ist es andererseits gut, einen unzerbrechlichen Kanister zu haben, der es ermöglicht, Kinder schon früher und effektiver zur Arbeit einzusetzen?

Fortsetzung des Krieges mit anderen Mitteln

Die Politik der Dinge in der Konsumgesellschaft hängt mit der globalisierten Nachfrage zusammen; diese wiederum wird durch die Fortsetzung nationalistischer Eroberungspläne mit anderen Mitteln geprägt. Besonders deutlich ist diese Situation in der japanischen Industrie. Nach dem Krieg stand ein Volk von Siegern, von Eroberern, dessen Dünkel an allen Küsten des Pazifiks gefürchtet war, vor einer militärischen Niederlage, die vernichtender nicht sein konnte und dazu führte, die gesamte Rüstungsindustrie zu ächten. Es war eine Industrie, die

---

[3] Seymour, John: Vergessene Künste. Bilder vom alten Handwerk. Ravensburg 1984, S. 8.

binnen weniger Jahrzehnte den Vorsprung der westlichen Industrieländer eingeholt hatte; jetzt standen Konstrukteure und Arbeiter vor dem Nichts.

Wir wissen heute, wie die Lösung aussah: Die Japaner übertrugen die Prinzipien der Rüstungsindustrie auf die Konsumgüterproduktion und überwältigten weite Teile der Wirtschaft ihrer Wettbewerber. Einige Jahre lang blickten die Festredner der deutschen optischen Industrie noch vom hohen Ross ihrer traditionsreichen Marken (Contax, Leica, Rolleiflex) auf die japanischen »Billigkopien«. Ehe sie sich besonnen hatten, waren sie erledigt. Der Weltmarkt gehörte Japan, in der Optik, in der Feinmechanik, in vielen Bereichen der Elektronik. Und wo er Japan nicht gehörte, haben das Japans Konkurrenten nur dadurch verhindert, dass sie sich bemühten, Japan zu gleichen. Inzwischen übertreffen einige der jungen Tiger bereits ihren ehrwürdigen Lehrmeister, den Alterserscheinungen plagen.

Die Entwicklung, die damals begann, prägt heute fast den gesamten Markt. Selbst wo er nicht von Japan bestimmt ist, wirkt er doch japanisiert. Militärische Grundsätze beeinflussen die Konsumgüterproduktion. Das eigene »veraltete« Produkt wird sozusagen zum Feind. Während die Europäer diese Entwicklung nur im Bereich der Rüstungsgüter energisch betrieben, aber im Bereich der Konsumgüter bis in die sechziger Jahre auf das Traditionsbewusstsein und den konservativen Geschmack ihrer Kunden setzten, läuft diese neue Entwicklung darauf hinaus, durch immer neue, luxuriösere und reparaturfeindlichere Modelle die Konsumenten zu verwöhnen, sie süchtig zu machen, ihre Abhängigkeit zu steigern.

Der Grenznutzen

In solchen Innovationen ist die Denkfigur vom Grenznutzen bedeutungsvoll. Ein einfaches Beispiel: Wer ein normales Fahrrad schneller machen will, kann Gewicht und Rollwiderstand durch den Einbau von Spezialteilen vermindern. Dabei hat die erste Investition bei weitem den höchsten Wirkungsgrad. Wer tausend Mark in seinen Renner steckt, macht einen viel größeren Schritt, als ihm die nächsten zehntausend Mark ermöglichen. Um den Nutzen zu steigern, werden immer höhere Einsätze benötigt, um immer geringere Fortschritte zu erzielen.

Wer sein Rad von den üblichen vierzehn auf zehn Kilo Gewicht bringen will, muss vielleicht zweitausend Mark investieren. Um jetzt von zehn auf neun Kilo zu kommen, muss er wahrscheinlich mehr aufwenden, als ihn die Gewichtsersparnis von vierzehn auf zehn gekostet hat. Bald bewegt er sich in einem Grenzbereich, in dem ihn zehn Gramm so viel kosten, wie es zu Beginn der Skala ein Kilo war. Schließlich kostet jedes Gramm zehnmal so viel wie das Kilo zu Beginn der Verbesserung.

In zwei Bereichen hat der Grenznutzen die Konstrukteure nicht zum Stillhalten gebracht: im Krieg und in der Medizin. Hier geht es um Leben oder Tod, auch der kleinste Vorteil wird für unschätzbar gehalten. Da sowohl der Krieg wie die Medizin im 19. Jahrhundert verwissenschaftlicht wurden, spielt sich auch die Produktion wissenschaftlicher Geräte – immer perfekterer Mikroskope und Teleskope etwa – in der Zone des Grenznutzens ab. Später trat der »zivile Krieg« des sportlichen Wettbewerbs als Auftraggeber hinzu.

Wenn die gesamte Produktion sich gewissermaßen auf »Kriegszustand« einstellt, gewinnt sie gegenüber anderen Produzenten einen kurzfristigen Vorteil, dessen langfristige Nachteile erst später bemerkbar werden. Im Krieg sind viele – manche denken alle – Mittel erlaubt, den Feind zu schädigen. Er erzieht zur Rücksichtslosigkeit gegenüber den Ressourcen und zur Schamlosigkeit, mit der Zwecke die Mittel heiligen.

Ein simples Beispiel für eine solche Technik ist die Zeitmessung durch Quarzuhren. Mithilfe einer am Grenznutzen orientierten Produktgestaltung (für unseren Alltag reicht die Genauigkeit mechanischer Uhren völlig aus) wurde die Uhrenindustrie in Europa zerstört. Der Käufer wurde verdummt; niemand klärte ihn über den teuren Batteriewechsel und die Reparaturuntauglichkeit der Quarzuhren auf; niemand kam auf den Gedanken, die mechanische Uhrenindustrie vor einer Schmutzkonkurrenz (im Sinn des Wortes) zu schützen.

Die Militarisierung in der Konsumgüterproduktion führt zu sehr widersprüchlichen, gelegentlich absurd anmutenden Konsequenzen. Beispielsweise werden heute für hochwertige Fahrräder Schnellspannnaben angeboten. Sie sind für Rennsportler sinnvoll, die ein defektes Rad rasch auswechseln müssen. Heute werden solche Naben in Räder eingebaut, die nie einen schnellen Radwechsel brauchen, aber an einer Straßenlaterne geparkt werden. Die Schnellspanner erfreuen in dieser Situation nur die Diebe, welche nun mit einem Griff ein teures Laufrad mitnehmen können. So wurde eine Schnellspannnabe entwickelt, die mit einem Schlüssel versperrt werden kann; sie entspricht funktional wieder den billigen Naben, die mit zwei Schrauben gehalten werden. Von ähnlicher Absurdität ist das schwere Bügelschloss, welches der Käufer des leichten Sportrades benötigt, um Diebe abzuhalten. Die »Lösung« liegt natürlich im Bügelschloss, das mithilfe von Titanlegierungen an neue Grenzen von Stabilität und Leichtigkeit vordringt.

Wir bräuchten Güter, die unseren kritischen Bezug zur Wirklichkeit verbessern, die uns vernünftige Verhältnisse zwischen Aufwand und Ertrag sinnfällig machen. Aber wir haben Güter, die uns Verschwendung, Sucht nach maximaler Bequemlichkeit, Angst vor Anstrengung und Größenfantasien jeder Art beibringen.

Wer Konsumgüter – etwa Autos, Fahrräder, Fernsehgeräte – von 1956 mit denen der Gegenwart vergleicht, findet, was die Qualität angeht, ebenso viele Rückschritte wie Fortschritte. Was »neu« ist, ist die verwirrende Vielfalt, die technische Extravaganz, sind Belege für den Vorstoß der Ware in eine Zone, in der sie der Konsument nicht mehr erfassen, durchschauen, reparieren und zu hundert Prozent nutzen kann.

Die typische Ware des Grenznutzens wird wie ein Ferrari gekauft. Es ist unwahrscheinlich, dass der Käufer sie irgendwann in seinem Leben »ausfahren« wird. Das gilt auch für Computerprogramme: Obwohl ich bei meinem alten Schreibprogramm nur zehn Prozent dessen nutze, was es kann, drängt mir die Entwicklung ein neues auf, von dem ich höchstens noch fünf Prozent verwenden werde. Der Rest ist Edelmüll.

Ich zahle für ihn, aber ich brauche ihn nicht, und wenn nicht Redakteure anrufen würden, dass sich mein altes System nicht mit ihrem neuen verträgt, würde ich beim alten bleiben.

Die modernen Konsumgüter entwickeln sich in zwei Richtungen. In beiden streben sie in die Todeszone des Grenznutzens, wo die Luft dünn wird. Einmal werden sie immer komfortabler, idiotensicherer, nehmen uns alles ab. Die Funkuhr muss nicht einmal mehr auf die Sommerzeit gestellt werden. Der Fotoapparat erkennt die Empfindlichkeit des Films ebenso automatisch, wie er Blende und Belichtung programmiert (sodass die Kluft zwischen Knipsern, die viel schlechtere Fotos machen als der durchschnittliche Amateur der fünfziger Jahre, und Profifotografen immer weiter aufreißt). In Autos werden elektronische Apparate eingebaut, die einen Stadtplan ersetzen. Die Benutzeroberfläche erlaubt es bereits Kindern, einen Computer zu bedienen.

Andererseits werden aber die Geräte immer komplizierter. Bei einer britischen Firma ergab eine Untersuchung, dass die Hälfte der als defekt eingeschickten Videokameras völlig in Ordnung war; die Kunden hatten nur die Anleitung nicht verstanden. Seit vielen Jahren erfüllen Rasierer nach dem Urteil unabhängiger Tester ihren Zweck perfekt. Dennoch werden angeblich bessere Modelle angeboten, mit Millionenaufwand vermarktet und auch gekauft.

Halt gebende Umwelten

Der Angehörige einer traditionellen Kultur wird nicht durch sein moralisches Urteil, seinen kategorischen Imperativ oder seine Einsicht in Ökobilanzen motiviert, so zu leben, wie es für das Überleben der Menschheit optimal ist, sondern durch die Umwelt, in der er existiert und die ihn jeden Tag in einem Zug belehrt und zwingt. Wir müssen lernen Lebensumstände künstlich herzustellen, die in ähnlicher Weise unser Überleben ermöglichen und unsere Beziehung zur Umwelt stabilisieren.

Während sich die Produzenten von lebensnotwendigen Gütern damit zufrieden geben können, dass sie Bedürfnisse befriedigen, die immer wieder spontan entstehen (wie Hunger, Durst, Schutz vor Witterung), müssen die Hersteller von Konsumgütern darauf achten, Abhängigkeiten zu schaffen. Eine davon ist die Undurchschaubarkeit: Nur der vom Hersteller ausgebildete Spezialist, der in aller Regel auch am Verkauf des Produkts und der Ersatzteile verdient, verfügt über genügend Kenntnisse, um Störungen zu beheben. In diese Richtung sind wir in zentralen Gebieten der Technisierung mit Riesenschritten marschiert. Wer zwischen 1930 und 1950 geboren wurde, hat sich während seiner Sozialisation zum Autofahrer noch damit beschäftigt herauszufinden, wie ein Vergaser und eine Zündanlage funktionieren. Die elektronischen Regelungen der Gegenwart sind Spezialistensache. Den Vergaser konnte der Dorfschmied reinigen; bei der Motorelektronik muss bereits die hochgerüstete Werkstatt des Konkurrenzmodells aufgeben.

Wer mit Computern arbeiten lernt, begegnet einem zentralen Prinzip der elektronischen Verdummung. Es ist die Verweigerung der Annäherung.[4] Der Computer reagiert perfekt auf den exakten Befehl – ebenso wie beispielsweise ein selbst gebastelter Tisch perfekt aussieht –, wenn alle Teile genau dem Plan entsprechen. Aber wenn nur eine winzige Kleinigkeit in dem Befehl an den Computer falsch ist, ist das Ergebnis nicht besser als bei einer komplett verkehrten Eingabe. Der Tisch hingegen wird immer noch passabel aussehen, auch wenn einige Teile nicht so exakt zugeschnitten sind wie andere. Die traditionelle Technik ermutigt Entwicklungen; die elektronisch gesteuerte fordert Perfektion und lässt überall dort resignieren, wo diese nicht zugänglich ist.

Wenn eine Kraftmaschine wie die in der »African Queen« – jenem Dampfboot, mit dem Katherine Hepburn und Humphrey Bogart in einem Hollywoodfilm schließlich ein Kriegsschiff vernichten – benutzt wird, nimmt sie dem Besitzer nicht nur körperliche Arbeit ab, sondern sie fordert auch geistige Auseinandersetzung. Der Skipper muss sozusagen in den Kategorien seines Motors denken lernen, muss wissen, wie viel Holz der Kessel braucht, wann und wo Wasser und Schmieröl nachgefüllt werden müssen. So geübt, ist er schließlich sogar in der Lage, die Antriebswelle auszubauen und sie in einem improvisierten

---

[4] Die Entwicklung der »fuzzy logic« soll genau diese Eigenschaft des Computers rückgängig machen. Einem überzeugenden Beispiel dafür bin ich noch nicht begegnet.

17

Schmiedefeuer zu reparieren. Potenziell kann seine geistige Kraft parallel zur Kraft des Motors wachsen, wenn wir ihn mit dem Skipper eines Einbaums und eines Paddels vergleichen.

Wagt sich der Besitzer eines modernen Bootes mit elektronisch gezündetem Außenbordmotor in ähnliche Wildnisse wie die »African Queen«, dann ist er gut beraten, große Mengen an Treibstoff und möglichst auch einen Reservemotor mitzunehmen. Er kann die so viel komplizierter gewordene, unter einer gestylten Verkleidung verborgene Maschine geistig nicht durchdringen, sie weist ihn ab, verspricht ihn zu verwöhnen, und sagt in dem Augenblick gar nichts mehr, in dem sie stillsteht. Sie leistet pro Kilo Gewicht hundertmal mehr als die Dampfmaschine der »African Queen«, aber sie kann kein anderes Futter annehmen als hoch gereinigtes Benzin. Sie steigert die Abhängigkeit vom Hersteller proportional zu ihrer Undurchschaubarkeit und den Abhängigkeiten von Treibstoff, Spezialöl, Wartung, Ersatzteilen. Es fällt schwer, sich einen Widerborst, wie ihn Humphrey Bogart auf der »African Queen« gibt, mit dieser Technologie vorzustellen.

James Bond versteht keines der Wunderdinge, mit denen er seine Feinde narrt. Er kann keines reparieren; daher wechseln die Gadgets so schnell wie die Szenen und lösen sich in Explosionen auf.

Die Welt der Dinge ist so unergründlich und vielfältig wie die Welt der Seele. Wer beide verknüpft, begegnet mehr Lücken seines Wissens als Kenntnissen und sollte wissen, dass diese Wechselwirkungen viel komplizierter sind, als es eine Gegenüberstellung von dummen und klugen Dingen fassen kann. Es geht mir weniger um abgeschlossene Urteile als um die Prozesse, durch die wir sie finden können. Ich übertreibe, um Richtungen zu markieren und Anstöße zu geben; ich habe den Eindruck, dass bisher zu wenig in dieser Richtung gedacht und nachgeforscht wurde, und hoffe, nicht der Letzte zu sein, der das tut. Meine Beispiele orientieren sich an meinen begrenzten Möglichkeiten der Recherche, die sich in beiden Richtungen – jener der Entwicklung der Dinge und jener ihrer mutmaßlichen psychologischen Wirkungen – vertiefen lässt.

Die von keiner religiösen Tradition erfasste Tragik der Gegenwart liegt darin, dass die technischen Werkzeuge und Waren längst ein

Eigenleben gewonnen haben. Die Dinge erwehren sich des Glaubens und spotten der Vernunft; sie haben sich zu den Tiefenschichten der menschlichen Triebe durchgefressen und sich so eng mit diesen verbunden, dass allein schon ein Bewusstwerden dieser Situation schmerzt. Daher haben wir eine eigene Konsumvernunft entwickelt, die auf einen Außenstehenden so wirken mag wie die Logik der glücklichen Haremsfrau auf die Feministin.

Niemand muss einen Psychotherapeuten belehren, wie schwach die Macht der Einsicht gegen die vereinten Kräfte von Bequemlichkeit, Verleugnung und Triebbefriedigung ist. Die Menschheit hat geniale Erfindungen unter dem Diktat kurzfristiger Gewinne ohne Rücksicht auf langfristige und nachhaltige Entwicklungen gemacht. Das Wissen, dass es so nicht weitergeht, ist inzwischen in der Welt und nicht mehr aus ihr herauszudrängen. Aber bis die Gedanken an die langfristigen Folgen unserer Erfindungen und die Gesetze der nachhaltigen Lösungen wirklich tiefer in unser Bewusstsein eingedrungen sind und Entscheidungen prägen, wird noch Zeit vergehen. Und leider ist Zeit knapp, wenn wir an die vielen Risiken unseres gegenwärtigen Umgangs mit der Umwelt denken.

Die trivialen Vergleiche mit der Sucht erschließen hier doch gute Verständnismöglichkeiten und Umgangsformen. Suchttherapeuten, die ein inneres Gleichgewicht finden, haben sich vom naiven Glauben ebenso weit entfernt wie vom finsteren Pessimismus. Sie rechnen immer mit einem Rückfall und immer damit, dass auch der Uneinsichtige plötzlich zu der Einsicht kommen kann, dass es jetzt reicht. Es gibt Süchtige, die sich mit der Lüge trösten, sie könnten jederzeit aufhören, und andere, die denken, sie könnten nie verzichten, und es plötzlich doch tun. Kurzum: Menschen sind immer für eine Überraschung gut, im Schlechten wie im Positiven.

Die kleinen Wirkungen der Dinge, die uns verwöhnen oder fordern, abstumpfen oder anregen, Strukturen auflösen oder aufbauen, sollten wir hier weder über- noch unterschätzen. Was wiegt schon ein Strohhalm? Und doch belehrt uns die Fabel, dass ein Strohhalm zu viel den Rücken des starken Kamels brechen kann. Ein Strohhalm weniger aber kann helfen, dass es seine Last bis zur nächsten Oase trägt.

Ampel

In dem toskanischen Dorf Pontavicchio, das meine zweite Heimat geworden ist, führt eine Brücke aus gotischer Zeit über einen Nebenfluss des Arno. Sie überspannt das Kiesbett in einem eselsbuckligen, schmalen Bogen. Die zwei massigen Pfeiler tragen Schrammen von den Baumstämmen, die während der Sieve-Überschwemmungen mitgerissen wurden. Ich kenne diese Brücke seit 1965 und fahre jedes Mal, wenn ich in den Ort muss, über sie. Durch die Wölbung ist die schmale Fahrbahn sehr unübersichtlich. Zwei Autos können nicht aneinander vorbei. Viele Jahre lang regelte sich der Verkehr spontan. Wer zuerst die Brückenhöhe erreichte und wieder buckelab fuhr, brachte den womöglich entgegenkommenden Kraftfahrer dazu, den Rückwärtsgang einzulegen. Ich habe nie erlebt, dass es dabei Schwierigkeiten gab.

Jetzt regelt eine Ampel den Verkehr zu den vielleicht hundert Seelen von Pontavicchio. Sie ist so träge geschaltet, dass ich fast jedes Mal vor der Brücke stehe.

Natürlich hat diese Regelung Vorteile. Es kann kein Streit mehr entstehen, wer zurückfahren muss. Der alte Sport schneidiger Fahrer, die Brückenhöhe vor einem »Gegner« zu erreichen, ist abgeschafft. Einem Gewinn an Regelung und technischer Obrigkeit, die in immer feinere Verzweigungen eindringt, wird die früher selbstverständliche Übung geopfert, rücksichtsvoll miteinander umzugehen. In der Tat meine ich, in Italien so etwas wie eine Entwicklung zu einem Normenfanatismus mitzuerleben, dessen Mangel ich früher in diesem Land als Vorzug empfand gegenüber der Haltung deutscher Autofahrer.

An die Stelle der informellen Regelungen, die Geschick und Höflichkeit trainierten, treten Maßgaben, in denen der Spielraum und damit die potenzielle Selbstdisziplin der Verkehrsteilnehmer mehr und mehr durch äußere Eingriffe ersetzt werden. Vertrauen ist gut, Kontrolle ist besser? Sie ist es keineswegs, sie verspricht es nur so lange zu sein, wie noch nicht bemerkbar ist, was angerichtet wurde. Die gegenwärtige Gesetzgebung tendiert in solchen Fällen durchweg dazu, die Misserfolge in psychologischer oder erzieherischer Sicht durch Verschärfung der Kontrollen, nicht durch eine Wiederherstellung des früheren, weniger geregelten Zustandes anzugehen.

Die Ampel von Pontavicchio zwingt allen Bewohnern eine Mehrbelastung an Treibstoffverbrauch und Abgasen auf. Vor der kleinen Kneipe dicht an der Brücke saßen früher die alten Männer auf einem steinernen Bänkchen in der Sonne und tranken ihr Glas Wein. Sie sitzen jetzt in den Abgasen der wartenden Autos.

→ *Auto,* → *TÜV*

Auto

Die ökologische Kritik an dem hohen Verbrauch und dem Abgasvolumen veralteter Motorfahrzeuge wird heute von der Industrie ernst genommen; eine psychologische Kritik an den verwöhnenden Aspekten der Auto-Hochtechnologie nicht. Wenn die modernen Fahrzeuge dem Fahrer geistige Leistungen abnehmen, die zu Zeiten einer unvollkommeneren Technik unentbehrlich waren, dann besteht die Gefahr, dass die verlorenen Reize durch überhöhte Geschwindigkeit sozusagen künstlich gesucht werden.

Es fehlt gegenwärtig nicht an perfekten, wunderbar gemachten und teuren Fahrzeugen; hier hat die Konkurrenz der Ingenieure Großartiges erreicht. Was fehlt, sind Fahrzeuge, die billig, leicht, sparsam und vor allem geistig anregend sind, weil sie den Bastler wecken, der in jedem Menschen schlummert. Bastler sind vor vielen psychischen Gefahren der Konsumgesellschaft geschützt: Sie haben zu tun, sie sind selten depressiv, sie sind nicht verwöhnt, sie neigen nicht zur Kriminalität, sie setzen sich ständig mit den Grenzen ihrer Fähigkeiten und Fertigkeiten auseinander. Ein Tag auf deutschen Autobahnen macht für mich den Eindruck unabweisbar, dass kaum noch Bastler unterwegs sind.

Ich habe einmal einen Brief in dieser Sache geschrieben:

17. Juni 1996

Sehr geehrter Herr Piëch,

mir scheint, dass ein Projekt, dem ich versuchsweise den Namen »Volkswagen 2000« gebe, dringend angezeigt ist und inzwischen auch gute Marktchancen hätte. Es wäre ein Modell, mit dem vor allem zwei Ziele verfolgt werden:

1. Eine ökologische Wende hin zu langsameren, leichteren und schwächer motorisierten Fahrzeugen, die nicht nur sparsamer sind, sondern auch das Konzept einer aggressiven technologischen Hochrüstung (starker Motor erfordert ABS und Airbag usw.) preisgeben.

2. Eine pädagogische Wende hin zu einer Technik, die nicht mehr durch wachsende Undurchschaubarkeit den Nutzer in einen Rückschritt seiner geistigen und emotionalen Qualitäten hineinzwingt.

Die erste Forderung ist nicht neu; sie wurde schon häufig von Kritikern der gegenwärtigen Systeme des Individualverkehrs geäußert. Neuartig ist die Verbindung solcher technischen Modelle mit einer unternehmerischen Reaktion auf psychische Rückschritte, die sich heute in der Bevölkerung vor allem bei der Jugend beobachten lassen. Der gegenwärtige Hang zum Komfortschritt führt dazu, dass immer breitere Bevölkerungsschichten immer höhere Ansprüche an Verwöhnung entwickeln. Die Produkte – und das Automobil ist das zentrale Produkt der Moderne – bestärken sie in dieser Entwicklung. Sie sind immer komfortabler, verwöhnender und undurchschaubarer geworden.

Sie, Herr Piëch, haben in der Volkswagen AG bereits wesentliche Schritte in Richtung auf Nachhaltigkeit und Ökologie konzipiert. »Volkswagen 2000« wäre ein Schritt in die gleiche und doch in eine ganz andere Richtung. Das Automodell sollte auf maximale Eigenleistung in Wartung und Reparatur angelegt sein, um jungen Menschen möglichst viele Gelegenheiten zu bieten, Technik wie auch Technik-Umwelt-Relationen unmittelbar und sinnlich zu erfahren.

Das neue, kostengünstige, schwach motorisierte und auf eine Dauerhöchstgeschwindigkeit von neunzig Stundenkilometer ausgelegte Modell sollte aus unlackiertem, korrosionsbeständigem Material (Edelstahl, Alu) bestehen. Die Ausführung ist möglichst robust, einfach, überschaubar und nach Gesichtspunkten konzipiert, die technisches Interesse wecken. Alle Teile sind normiert, recycel- und austauschbar. Reparaturen an Fahrwerk, Motor und Karosserie können dank übersichtlicher Bauweise und detaillierter Anleitungen von interessierten Laien geleistet werden.

Weitere Anregungen: Das Auto ist auch als Bausatz lieferbar, der z. B. von einer Berufsschulklasse unter Anleitung eines Lehrers zusammengesetzt werden kann. Alle Modellvarianten sind vernetzt; das Auto »wächst mit«, z. B. vom Zweisitzer zum Viersitzer. Die Batterie wird durch eine Solarzelle auf dem Dach geladen; es gibt wieder eine Startkurbel. Umstellungen auf Hybrid- oder Elektrobetrieb und nachwachsende Rohstoffe (Antrieb durch Biodiesel oder Bioalkohol) sind im Baukastensystem enthalten.

Mir ist klar, dass ein solches Konzept einen traditionell an stärkeren, schnelleren und bequemeren Fahrzeugen orientierten Konstrukteur fremd, vielleicht nostalgisch oder chancenlos anmutet. Ich glaube aber, dass es genügend Liebhaber für ein solches Fahrzeug geben wird, vor allem, wenn ein großer Konzern investiert und alle Möglichkeiten zu einer durchdachten Konstruktion ausschöpft. Ich bin überzeugt, dass es dieses hier konzipierte Fahrzeug irgendwann und irgendwo geben wird.

Abschließend noch eine Gegenüberstellung der traditionellen Technik und einer Technik der Zukunft:

Traditionelle Technik	Technik der Zukunft
komfortorientiert	lernorientiert
erzieht zur Bequemlichkeit	erzieht zur Aktivität
wachsende Abhängigkeit von Spezialisten	wachsende Unabhängigkeit von Spezialisten
Modeorientierung	Zeitlosigkeit, Baukastensystem
wachstumsorientiert	stabilitätsorientiert
müllintensiv	rohstoffsparend
Störungen erzeugen	Störungen erweitern
Abhängigkeit von Spezialisten	die eigenen Fähigkeiten
unzugängliche Struktur	übersichtliche Struktur
bequeme Bedienung	aktivierende Bedienung
geringe Bindung des Nutzers an Produkt	starke Produktbindung
Austauschbarkeit des Produkts	Unverwechselbarkeit des Produkts
Produktbindung durch Komfort und Werbung	Produktbindung durch Produkt-Nutzer-Interaktion

Ich habe nie eine Antwort von Herrn Piëch erhalten. Immerhin rief mich ein freundlicher junger Mann aus der Marketing-Abteilung an, der versprach – ohne sich daran zu halten – mich über das Schicksal des Projekts zu informieren. Er begrüße solche Gedanken und werde meine Vorschläge als Argumentationshilfe einbringen. Durch die Blume sagte er mir noch, dass Konstruktionen ohne ABS und Airbag von den führenden Ingenieuren als unzeitgemäß verachtet würden und gegenwärtig keine Chance hätten.

Die Entwicklung seit 1996 bestätigt das. Ein Beleg ist das neue Modell von Audi, der in Leichtbauweise aus Aluminium gefertigte A2. Hier wiegt der Rahmen aus Strangpressprofilen, die über Knoten aus Vakuumdruckguss verbunden sind, nur fünfundsiebzig Kilo; dennoch bringt das ganze Auto erheblich mehr als ein älterer Golf GTI auf die Waage – neunhundertneunzig Kilo gegenüber siebenhundertfünfund-neunzig Kilo. Front- und Seitenairbags, Stabilitätsprogramm und Lärmdämmung fressen auf, was Konstruktion und Rohstoff sparen.

Immer noch scheinen die Marketing-Experten überzeugt, dass eine abgespeckte, gering motorisierte Version keine Käufer fände. Durch ge-ringe konstruktive Veränderungen ließe sich aus diesem A2 ein Auto ma-chen, das halb so viel kostet und halb so viel verbraucht wie die gegen-wärtigen Modelle, die einen völlig überhöhten Komfortstandard garan-tieren müssen (und bei denen auch entsprechend viele Defekte auftreten können). Autotestern, die auf mich vielfach wie verhinderte Rennfahrer wirken, würde solch ein Modell freilich keine Begeisterung ablocken.

Die Entwicklung der Automobilindustrie zeigt, wie erfindungsreich Homo sapiens ist und wie viel Macht Homo consumens entfaltet. Längst gibt es sie, die Pläne zu kleinen, leichten Fahrzeugen, die fast umsonst mit Sonnenenergie fahren oder nicht mehr als einen Liter Diesel auf hundert Kilometer brauchen. Als Ferdinand Piëch im April 2002 den Vorstandsvorsitz bei VW aufgab, fuhr er in einer solchen Neukonstruktion von Wolfsburg nach Hamburg, mit einem Verbrauch von knapp einem Liter Treibstoff auf hundert Kilometer. Der Wagen ist ein Enkel des Messerschmitt-Kabinenrollers, der die deutsche Mo-torisierung nach dem Krieg einläutete, nur erheblich sparsamer, aber auch viel teurer, mit einem Gewicht von zweihundertneunzig Kilo, viel Elektronik, Titan, hohlen Wellen und Zahnrädern – alles viel zu teuer für den Bau in Serie. Ein Mikrochip wechselt die Gänge und schaltet den Motor für die »Segelphase« ab, wenn das Fahrzeug rollt. Tritt der Fahrer wieder auf das Gaspedal, dann wirft ein Startergenerator, der auch als Lichtmaschine dient, das Aggregat wieder an. Beim Bremsen wird Strom erzeugt und die Batterie zusätzlich geladen.

Ob dieses Fahrzeug jemals auf den Markt kommt, ist ungewiss, und es würde mindestens acht Jahre dauern. Insofern ist es nur eine Andeutung, kein Schritt, zumal alle Ansätze zu einer Intelligenz fördernden Technik zugunsten einer bereits eingebauten, verkapselten technischen Intelligenz zurückgestellt wurden. Immerhin lernt der Fahrer allein durch das Zuhören, wodurch bei der automobilen Fortbewegung Energie vergeudet wird und wodurch man sie sparen kann. Bastelfreundlich scheint das neue Sparauto so wenig zu sein wie seine Vorgänger.

Herr Piëch ist in einem Feigenblatt gefahren.

Phaëton und Don Juan

Schon jetzt zu haben sind Fahrzeuge wie der neue Mercedes CLK 500, der bei langsamer Fahrt 17,5 Liter Super auf hundert Kilometer braucht (Werksangaben nach der DIN-Norm sind bei einem Fahrzeug mit zweihundertfünfzig Stundenkilometern Höchstgeschwindigkeit illusorisch), die Zwölfzylinderlimousine von Maybach und der VW-Achtzylinder mit dem mythologisch übel beleumundeten Namen Phaëton.[5]

Besonders im Trend liegen absurde Konstruktionen wie »sportliche Geländewagen«, die mit superstarken Motoren, aufwändigem Fahrwerk und verschwenderischem Verbrauch ihre Besitzer, so sie jemals befestigte Straßen verlassen, vor allem eines lehren werden: Rohe Kraft nützt in Feld, Wald und Wiese nicht das Geringste. Solche Autos sind die Metall gewordene Fiktion (→ Safari).

Kein Produkt der Industriegesellschaft trägt so viele Träume und narzisstische Fantasien wie das Auto. Es ist das Produkt, dem am meisten Blut geopfert wird – mehr auch als allen anderen Produkten zusammen, mehr als der Waffenindustrie, denn längst übertreffen in den meisten Ländern die Zahlen der tödlichen Unfälle mit Autos die der Kriegsopfer. Es ist das am meisten genutzte Produkt, jenes auch,

---

[5] Phaëton ist in der griechischen Sage ein Sohn des Gottes Helios, der den Sonnenwagen stiehlt, über den Himmel jagt und den Kurs nicht halten kann, sodass die Erde bald verbrennt, bald erfriert, bis der Frevler vom Blitz des Zeus getroffen wird.

das die intensivsten Träume umgeben, das uns Kraft schenkt, Freiheit, Raum zu leben und zu lieben, Sicherheit und Dynamik, Überlegenheit über andere und Fluchtmöglichkeiten aus Enge, Lärm, Gestank und Chaos (wie sie eben das Auto erzeugt) in eine freie, ruhige, duftende Waldlichtung, an einen Meeresstrand, in einen Park, wo wir und unser Mobil mit dem Gesang der Vögel und dem Zirpen der Grillen allein sind. Die Erwartungen an das Auto sind so irrational und widersprüchlich wie die an eine Geliebte.

Es ist sehr lehrreich zu verfolgen, wie hier die kopflose Gier auf dem Thron sitzt, von Erfindungsgabe, technischem Genie, brillanter Planung und künstlerischem Design als ihren subalternen Hofschranzen umgeben. Das Auto mobilisiert eine enorme Erfindungskraft, aber diese Erfindungskraft wird von einem egoistischen Tyrannen gelenkt, der für alles blind ist, was nicht zu seinem rauschhaften Verlangen nach Macht und Kraft, Sicherheit und Bequemlichkeit passt.

Ich behandelte einmal einen Mann wegen heftiger Depressionen. Er war hoch verschuldet, obwohl er viel arbeitete und nicht schlecht verdiente. Aber er hatte verschwenderische Gewohnheiten, darunter die, jedes Jahr sein Auto zu wechseln, und zwar immer von einem Sportwagen zu einem Geländewagen und wieder zurück. An dem Geländewagen störten ihn der hohe Verbrauch und die schlechte Straßenlage; am Sportwagen das hohe Risiko des schnellen Fahrens und die Unmöglichkeit, sich auf winterlichen Straßen oder Waldwegen sicher zu bewegen und die Staubstraße zu seinem Ferienhaus im Süden komfortabel zu bewältigen.

Natürlich weiß ein Mann, der einen akademischen Grad erworben hat, dass er sich mit einem solchen Wechsel des Autotyps nicht nur von Nachteilen befreit, sondern auch Nachteilen aussetzt. Aber je heftiger die Gefühle sind, mit denen ein Ding besetzt ist, desto weniger Macht entfaltet die Einsicht. Wir alle wissen im Grunde, dass unsere Autos zu viel Kraft haben und zu viel Energie verbrauchen, dass sie zu schnell sind und uns durch ihre Qualität als Uterus und Wiege in gefährliche Sicherheitsillusionen regredieren lassen. Aber diese Bedürfnisse sind so mächtig, dass die Vernunft keine guten Chancen hat, etwas an ihnen zu verändern.

Was meinen Patienten umtrieb, nennen wir »Spaltung«: Die »guten« Seiten werden von den »bösen« Seiten getrennt gehalten, um eine Illusion des »ganz Guten« aufbauen zu können. Diese Illusion hat Suchtqualität: Wer sich elend fühlt, ist besonders auf sie angewiesen. Chronisch unzufrieden, mürrisch, von Hypochondrien geplagt, brauchte mein Patient den Glauben an das »ganz gute« Auto, das er bald haben würde. Er musste ihn durch die Überbetonung der Mängel des »ganz schlechten« Autos, das er gegenwärtig fuhr und das einmal das »ganz gute« gewesen war, sogar noch steigern. Es gab für ihn kein Auto, das gleichzeitig gut und schlecht war, das Vorzüge hatte und Mängel.

Er war ein Don Juan der Automobile: Interessant war immer der Wagen, den er nicht hatte; was er besaß, verlor an Wert. Und wie Don Juan sein Register anlegte, um seine Eroberungen, die er so wenig genießen konnte, wenigstens zu zählen, so legte mein Patient in schlaflosen Nachtstunden Register an – der Autos, die er besessen, übrigens auch der Frauen, die er erobert hatte. Manchmal versuchte er beide Listen zu verknüpfen, fand aber darin kein typisches Muster.

Als er mir davon erzählte, musste ich an einen anderen Patienten denken, einen mehrfach geschiedenen Arzt, der immer dann, wenn er eine vollbusige Geliebte hatte, sich nach einer knabenhaften zu sehnen begann, und umgekehrt die knabenhafte entwertete, kaum hatte er sie erobert – solle ihm jetzt für immer der Verzicht auf üppige weibliche Formen zugemutet werden? Auch er versuchte mit diesem Gestus des zynischen Eroberers eine tiefe, oft in Suizidnähe führende Depression zu verleugnen. Der Zynismus, den er gegen die Frauen richtete, fiel auf ihn zurück: Auch er lebte in ständiger Angst, wegen eines äußeren Merkmals (vielleicht war sein Penis zu klein?) verlassen zu werden.

Mein Patient kaufte teure Geländewagen, weil er ein garantiert unverwüstliches Langzeitauto haben wollte, das ihn nie im Stich ließ. Er beschäftigte sich intensiv mit technischen Risiken und wollte alle ausgeschlossen haben, wenn er zu seinem Ferienhaus fuhr. Im Grunde projizierte er seine eigene Bereitschaft, sein treues Fahrzeug im Stich zu lassen. Wie er sein Auto, würde auch dieses ihn bei erstbester Gelegenheit verraten.

→ *Ampel*, → *Breimauern*, → *Cadillac*, → *Safari*, → *TÜV*

Axt und Säge

Die Axt ist so alt wie der Hammer. Sie hat sich als spezialisiertes Werkzeug von ihm irgendwann getrennt. Ähnlich körperlichen Atavismen (wie den männlichen Brustwarzen) haben fast alle Äxte als Zeichen dieser Abstammung den Hammer behalten. Sie tragen ihn sozusagen auf dem Rücken, hinter der Öse. Es gab in der Bronzezeit eine andere Axtform, die Lappenaxt, welche in einen nahezu rechtwinklig gebogenen, aus einer Astgabel gewonnenen Schaft gesteckt und festgebunden wurde. In Afrika gibt es Äxte, bei denen eine hinten spitz ausgeschmiedete Schneide in einen Wurzelknorren geschlagen ist, sodass jeder Axthieb die Schneide tiefer in das Holz drücken muss.

Die einzige Form der reinen Axt bieten gegenwärtig die Doppeläxte. Sie gelten als besonders gefährliches Werkzeug. Weil sie in der minoischen Kunst eine große Rolle spielen und diese – historisch ist das nicht geklärt – als matriarchal gilt, wurde die Doppelaxt eine Weile von den Feministinnen als Symbol weiblicher Macht zitiert: Sie zeige zweimal die Mondform. Mich überzeugt das nicht, denn auch die schwedische Liga der Axtwerfer benutzt Doppeläxte, und ich glaube nicht, dass Frauen dort viel Einfluss haben.

Der Vorzug einer Doppelaxt liegt darin, dass man eine zweite Schneide hat, wenn die erste durch das charakteristische Risiko der Axtarbeit – den Fehlschlag – schartig geworden ist. Das Verletzungsrisiko, welches immer wieder für das Verschwinden der Doppelaxt verantwortlich gemacht wird, scheint weniger triftig. Auch ein Schlag mit der Hammerseite einer Axt auf Fleisch oder Knochen richtet viel Schaden an. Viel wahrscheinlicher ist, dass der Doppelaxt wie den meisten anderen alten Differenzierungen der Axt eine alte Rivalin den Garaus gemacht hat: die Säge.

Was heute an Axt und Beil in einem durchschnittlich sortierten Werkzeugladen angeboten wird, ist der dumme gemeinsame Nenner, auf den die Allmacht der Säge in der Holz verarbeitenden Industrie und im Handwerk die einstige Vielfalt geschmiedeter Äxte gebracht hat. Die heutige Axt soll alles können, was heißt, dass sie gar nichts richtig kann. Mit einer solchen Axt habe ich meine ersten kläglichen Erfahrungen in der toskanischen Wildnis gemacht. Sie taugte nur zum Brennholzspalten (aber das mussten nette Klötze mit geradem Faserverlauf sein) und als schwerer Hammer; zum Fällen von Bäumen war ihr Stiel zu kurz und die Schneide zu steil; zum Anspitzen von Pfosten oder zum Roden von Sträuchern war sie zu schwer.

Obwohl ich auch damals schon einiges vom Zauber der Axt wusste, standen diese Kenntnisse zusammenhanglos neben meiner kläglichen Praxis. Ich war arm und beging den Fehler vieler Armer: Ich kaufte billiges Werkzeug, das die Handarbeit erschwert und zur freudlosen Plage macht; freilich war ich daran gehindert, die noch freudlosere Plage der »arbeitssparenden« Heimwerkermaschinen als Lösung zu wählen, da es in dem Toskanahaus an Strom mangelte.

Mein Axtwissen kam aus den Jugendbüchern von Ernest Thompson Seton, dem gutes Werkzeug freilich noch so selbstverständlich war, dass er es nicht eigens erwähnte. Die Axt, mit der in ›Jan und Sam im Walde‹ ein schenkeldicker Baum binnen weniger Minuten gefällt wird, war auf jeden Fall eine andere Axt als mein Universalwerkzeug. Sie war langstielig, scharf, biss mit Schwungkraft ins Holz; allerdings wurde sie auch von einem Jungen geführt, der mit jedem Schlag genau dorthin traf, wohin er treffen wollte, was mir auch heute nur bei jedem zweiten Schlag gelingt.

Fachleute nennen die Axt das Werkzeug zur Holzbearbeitung schlechthin, denn sie erreicht – kunstgerecht eingesetzt – in vielen Situationen mit dem geringsten Aufwand die größte Wirkung. Mit einer guten Axt kann man dünne Bäume fast ebenso rasch fällen wie mit der Kettensäge, man kann sie entasten, zu Balken behauen. Mit einer solchen Axt konnte der Trapper einen Winter in der Wildnis überleben.

Weil ich mit meiner ersten Axt keinen Baum fällen konnte, kaufte ich eine Bügelsäge mit fertig geschärftem und gehärtetem Blatt; dazu einen Pennato. So heißt das krumme Haumesser in der Toskana, das alle Funktionen der Machete in Südamerika hat. Mit dem Pennato wurde ich allmählich geschickter; heute kann ich mit ihm in wenigen

Minuten genügend trockenes Holz für ein Kaminfeuer klein hauen. Ich arbeite von unten, dicht am Stamm der vertrockneten Stockausschläge, die dafür am besten geeignet sind, schlage erst die dünnen Zweige ab, dann die Äste und zerkleinere schließlich den armdicken Stamm.

Mir sind die notwendigen Bewegungen längst selbstverständlich, aber ich habe bei Gästen gesehen, wie dumm man sich auch mit dem Pennato anstellen kann. Sie führen schwunglose, ängstliche Schläge, die einen Ast so treffen, dass er wegfedern kann. Wo der toskanische Bauer mit einem Schlag auskommt und ich vielleicht zwei brauche, hängt bei solchem Vorgehen nach zwanzig Schlägen ein zerfledderter Ast immer noch am Stamm. Wenig Wunder, dass viele Gäste die Säge vorziehen. Mit der Säge lässt sich arbeiten, wie es der Zweck gebietet: stumpfsinnig, aber kontrolliert, ermüdend, aber ohne Fehlschlag.

Das Wort »fehlschlagen« kommt aus einer Zeit, in der die Arbeit mit Hammer und Axt noch selbstverständlich war. Es signalisiert, dass wir es mit einem klugen Ding zu tun haben. Werkzeuge, mit denen es keinen Fehlschlag gibt, die narrensicher funktionieren, erzeugen Idioten. Werkzeuge, die niemals gut funktionieren können, die dem Benutzer jeden Lernprozess rauben, weil sie ihn zur Verzweiflung bringen, schlechte Werkzeuge also in den komplett bestückten und spottbilligen Holzkästen für Kinder und »Heimwerker« arbeiten den idiotensicheren, idiotenschaffenden Werkzeugen in die Hände.

»Alles handbehauene Balken«, sagte der Makler, um für die Authentizität eines alten Bauernhauses zu werben. Gesägte Balken sind langweilig. Sie halten auch schlechter, weil das Holz oft nicht richtig gelagert wurde[6] und der Zimmermann, der den Balken behaut, diesem

---

[6] Neue Forschungen über Fachwerkhäuser haben ergeben, dass diese durchweg aus frisch geschlagenem Holz gebaut wurden. Die Zimmerleute nutzten die »greenwood wisdom« (→ Grünes Holz), wonach das frische Holz leichter zu bearbeiten ist. Die immer wieder erzählte Geschichte vom »früher richtig abgelagerten Holz, das es heute nicht mehr gibt«, ist ein Märchen, mit dem Ungeschicklichkeiten der Holzverarbeitung und verlorene Fähigkeiten gerechtfertigt werden, das Verhalten dieses lebenden Materials einzuschätzen und vorherzusagen. Dieses Märchen drückt aus, dass der moderne Handwerker oder Architekt Holz gerne so berechenbar hätte wie Zement, Ziegel oder Eisen.

viel näher kommt als sein Kollege, der mit fertig gesägtem Material arbeitet.

Die Säge zeigt, wie schon lange vor der Industrialisierung in der Struktur der Werkzeuge selbst die Prinzipien des Fließbands vorweggenommen wurden. Eine Säge ist nichts anderes als eine Reihe winziger Äxte, die durch ihre Vielzahl die Holzfasern geradeso durchtrennen können wie die Axtschneide im Hieb. Jeder Zahn hat gerade so viel Abstand vom nächsten, dass der zwergenhafte Axtschwinger ausholen und einen winzigen Span herausschneiden kann. Dutzende, ja Hunderte solcher Axtschwinger lasse ich mit jedem Zug an einer Säge für mich arbeiten, und jeder steht genau an dem Platz, an dem ich ihn haben will, und tut, was er tun soll, am genau richtigen Ort. Für Feinarbeit sind die Späne so winzig, dass wir korrekt vom »Sägemehl« sprechen können, während die typischen Späne einer Motorsäge so groß wie Haferflocken sind und Mehl so wenig ähneln wie diese.

So ist es kein Zufall, dass die Säge viel früher und nachdrücklicher motorisiert wurde als die Axt. Auch passt ins Bild, dass die Säge für Heimtücke steht (»am Stuhl von ... sägen«). Die Axt ist das Werkzeug des Individuums, die Säge tritt uniformiert auf und endet im Sägewerk, in der Sägefabrik, in der schließlich auch noch das Schärfen der großen, aus Hartmetall gefertigten Zähne vollautomatisch erfolgt, mit denen vielhundertjährige Baumriesen zu Brettern zerschnitten werden. Die Axt hat sich der Motorisierung widersetzt, mit der kleinen Ausnahme der Holzspalter, die manchmal noch so etwas enthalten wie eine plumpe Axtschneide. Die meisten arbeiten allerdings wie eine überdimensionale Holzschraube, denn die Spaltmaschine kann den Schwung, die entscheidende Gabe der Axt, nicht nutzen; sie arbeitet mit Kraft, nicht mit Schärfe.

Mit einer guten Spaltaxt Brennholz zu machen ist eine körperlich und geistig fordernde Tätigkeit. Mit dem Spalter schafft man mehr weg und ist froh, wenn man den Stumpfsinn, den Lärm, die Energievergeudung hinter sich hat und den Maschinensklaven abschalten kann, der doch immer seinen Herrn versklavt.

Frankensteins Monster ist kein Gruselmärchen, sondern die Ge-

33

schichte von Beziehungen zu Haushalts- und Heimwerkmaschinen. Wir haben sie geschaffen und angeschafft, weil wir überzeugt waren, sie seien unsere Golems und würden uns dienen. Aber solange sie unter Strom stehen, sind sie unsere Herrn. Mit Axt und Bügelsäge arbeite ich; Spalter und Kettensäge arbeiten mit mir, ich werde erst wieder ihr Herr, wenn die Motoren nicht mehr laufen.

B

Bedächtig – durchdacht

»Bedächtig« ist ein treffendes Wort, um den klugen Umgang mit Dingen zu beschreiben. Es meint eine Haltung, in der ich ständig aus meinen eigenen Bewegungen im Arbeitsfeld lerne und versuche sie zu verbessern. »Durchdacht« ist eine Struktur, in der alles genau geplant ist und es vor allem darum geht, Vorgaben zu erfüllen. Durchdacht ist eine autoritäre Kategorie, in der sich Macht ausspricht. Bedächtig ist eine Vorgehensweise, in der ich ständig aus den Rückmeldungen lerne, die ich für meine eigenen Aktivitäten erhalte.

»Was auch immer du tust, tue es klug und achte auf das Ziel«,[7] sagt ein Sprichwort der Römer. Bedächtiges Vorgehen beginnt mit der Vorbereitung: Habe ich Zeit, Mittel und Werkzeuge, um zum Ziel zu kommen? Bedächtigkeit ist das Herz der Professionalität, in der es darum geht, mit möglichst geringem Aufwand möglichst viel zu erreichen. Zugleich ist Bedächtigkeit auch eine Art, den Weg ins Ungewisse so zu gestalten, dass die Gefahren gering bleiben, sich zu verrennen, mehr Schaden als Nutzen zu stiften.

Dem Anfänger scheint es Zeitverschwendung, alle Werkzeuge an ihren Platz zu räumen und den Boden zu fegen. Er will alle Zeit, die er hat, direkt in schnelle Erfolge investieren, und hält seine Hast vielleicht sogar für besonders zielstrebig und kreativ, bis er ein zu Boden gefallenes Teil im liegen gebliebenen Abfall nicht mehr findet oder den Fluss seiner Arbeit unterbrechen muss, um ein verschwundenes Werkzeug zu suchen.

Bei allen Formen körperlicher und gefährlicher Arbeit (die Bandbreite reicht vom Holzfällen zum Autofahren, von der Hausrenovierung zur Gartenarbeit) schützt bedächtiges Vorgehen vor Unfällen und

---

[7] Quidquid agis, prudenter agas et respice finem.

körperlicher Überlastung. Wer bedächtig arbeitet, nimmt den eigenen körperlichen Zustand wahr und achtet darauf, sich nicht zu überfordern. Er arbeitet möglichst selten und nur, wenn es unvermeidlich ist, in einem Tempo, bei dem er außer Atem kommt und eine Verschnaufpause braucht. Er arbeitet nicht über eine Schmerzgrenze hinweg, in der (vielleicht für Jugendliche gültigen) Illusion, dass der Körper sich bei der nächsten Erholungspause regeneriert. Rückenschmerzen und traumatische Entzündungen der Verbindung Knochen-Sehne-Muskel (»Tennisellenbogen«) ergeben sich fast immer aus unbedachtem Vorgehen; die Fachleute sprechen von einer »unphysiologischen«, das heißt den körperlichen Gegebenheiten zuwider laufenden Beanspruchung des Bewegungsapparats.

Es ist eine Freude, einem bedächtig arbeitenden Handwerker zuzusehen. Ein Griff ergibt sich aus dem anderen, nichts geschieht übereilt, Zug um Zug wird die Sache weitergebracht, der Meister gerät nie außer Atem und macht sich erst an den nächsten Schritt, wenn der vorangehende wirklich zufrieden stellend abgeschlossen ist. Er setzt nicht auf den Lack, der die Fehler in der Konstruktion übertüncht, nicht auf den Mörtel, der Mauersteine festhält, wenn sie nicht an den rechten Platz gesetzt sind.

In dem melancholischen Film ›Das Brot des Bäckers‹ gibt es eine Szene, in der die Bedächtigkeit des Meisters (noch) über die Hast des Lehrlings triumphiert: In einen Kuchen müssen Eier geschlagen werden. Der Lehrling teilt die Eier über einer scharfen Kante, kippt den Inhalt in den Teig und wirft die Schalen in den Abfall. Der Meister tritt hinzu, schüttelt den Kopf, bricht ein Ei und gewinnt mit zwei genau abgemessenen Bewegungen auch noch das Material, das an der Innenseite der Schalen klebt.

In vielen komplexen Aufgabengebieten ist die Hast ein Ausdruck der Unsicherheit und der erste Schritt zur Resignation. Wenn ich den schnellen Erfolg, die sofortige Bestätigung nicht habe, dann wird mir nichts gelingen, dann kann ich auch gleich aufgeben. Das bedächtige Vorgehen hingegen wird Widerstände der Aufgabe einbeziehen und versuchen aus ihnen zu lernen. In dem schönen Motto Wilhelms von Oranien ist es auf die Spitze getrieben: »Ich brauche nicht die Hoffnung, um zu beginnen, noch den Erfolg, um fortzufahren!«

Wer das durchdachte, richtige Vorgehen gelernt hat und scheitert, erlebt einen Bruch in seinem Selbstgefühl. Er zahlt teuer für den Dünkel, der hoch qualifizierte Spezialist zu sein, der genau weiß, wie's gemacht wird. Bedächtiges Vorgehen hingegen akzeptiert ein viel höheres Maß an anfänglicher Unsicherheit. Damit setzt es aber auch Kreativität frei und entwickelt Fähigkeiten, aus dem eigenen Ausprobieren zu lernen.

Von Anna Freud wollten angehende Psychotherapeuten wissen, was sie denn in dem viel weniger festlegbaren Gebiet der Kinderanalyse machen sollten, in dem sich die kleinen Patienten an keine durchdachten Regeln halten. Ihre Antwort ist eine klassische Aufforderung zu bedächtigem Vorgehen: »Sie können alles machen, nur müssen sie wissen, was sie tun!«

Bleistiftspitzer

Kindern zeigen wir, dass ein Stück Blei, wie wir es zum abergläubischen Gießen an Silvester benutzen, auf dem weißen Papier einen blassen Strich hinterlässt. Der Bleistift, den wir heute kennen, schreibt nicht mehr mit Blei, sondern mit Grafit. Er ist eines der intelligentesten Schreibwerkzeuge, von unübertroffener Bequemlichkeit und Ökonomie. Keine Füllfeder, kein Kugel- oder Faserschreiber kann so viele Zeichen mit so hoher Verlässlichkeit und so guter Überschaubarkeit für so wenig Geld bieten. Die färbende Mine ist von einem Mantel aus Holz umgeben, der sie bruchsicher macht. Abgenützt versteckt sie sich in einem Holzkragen; der Bleistift muss gespitzt werden.

Meine Mutter nahm ein scharfes Federmesser und schnitt fünf bis sieben Späne so geschickt ab, dass die Bleistiftspitze wieder frei lag und die Mine einen feinen Strich zeichnete. Wir brachten ihr unsere Bleistifte, wenn die »Bleistiftspitzer« in unseren Federmäppchen die Mine abgedreht hatten. Diese Spitzer sind meist ein Stück Plastik oder Metall mit einem kegelförmigen Loch und einem winzigen Messerchen über einer Öffnung, durch die der in einer Drehbewegung abgehobene Span austritt.

So ein Spitzer ist ein dummes Ding. Nur ausgesprochen teure Geräte spitzen zuverlässig. Höchste Schärfe ist nötig, um Holz und Mine in einer Drehbewegung so glatt zu durchschneiden, dass eine empfindliche Mine nicht immer wieder bricht, weil die Scherkräfte zu groß sind.

In Katalogen von Firmen, die den Kampf gegen die schlechten Dinge zum Programm gemacht haben, fand ich einmal Geräte einer baskischen Firma, die früher Waffen herstellte und jetzt für einige hundert Euro den perfekten Spitzer mit Handkurbel und Spanschublade anbietet. Aber jedes gepflegte Taschenmesser tut denselben Zweck und erspart einige Stunden Feldenkrais- oder Montessori-Pädagogik. Es weckt die schlummernden Fähigkeiten des Menschen, seine Feinmotorik so zu ordnen, dass eine fünf- bis sechsseitige, perfekte Spitzenpyramide entsteht.

Der Spitzer ist ein gutes Beispiel dafür, wie schnell wir regredieren. Wer sich zu viel über Minenbruch geärgert hat, kauft einen Minenhalter aus Metall mit Vorschiebe-Automatik, den so genannten Dreh- oder Fallbleistift. Er versucht gar nicht die Holzbleistifte mit einer scharfen Klinge ordentlich zu spitzen; weil er es nicht versucht und nicht übt, misslingt es ihm, wenn er es einmal probiert.

Bogen[8]

Der Bogen ist vielleicht die älteste Fernwaffe, welche Fremdenergie – die Schnellkraft einer Feder, zuerst Holz, dann Horn und Stahl – benützt; Speer- und Steinschleuder verwenden nur Hebel oder Schwung, um die Kraft der menschlichen Armmuskeln zu steigern. Schon in der Altsteinzeit haben die Menschen auf diese Weise gejagt.

Seit es (Fern-)Waffen gibt, ist auch Arglist möglich, kann der Bewaffnete im Vertrauen auf seine technische Übermacht den Waffenlosen tyrannisieren. Umgekehrt hat aber der Schwächere endlich eine Chance, seinen Nachteil auszugleichen und durch Anstrengung, Fleiß, Aufmerksamkeit, Sorgfalt einen Mangel an brutaler Kraft oder zahlenmäßiger Überlegenheit wettzumachen. Diese Dramaturgie bestimmt die Erzählungen über Waffen. Beispielsweise sind in den amerikanischen Western-Filmen der klassischen Ära die Indianer immer in der Übermacht und den Weißen an brutaler Grausamkeit überlegen, was den Gebrauch von Repetiergewehren zur tugendhaften Notwendigkeit macht. Erst später und vom Publikum weniger geliebt wurden realistischere Szenen von Hollywood aufgegriffen: Die überlegene Waffentechnik der amerikanischen Kavallerie dient dazu, aus sicherer Distanz wehrlose Indianer, auch Frauen und Kinder, zu töten.

Jeder Fortschritt in der Waffentechnik enthält regressive Potenziale. Wenn der Urmensch mit Stein und Knüppel gegen ihn anstürmt, hat der Bogenschütze in freiem Gelände schon einen Vorteil von vielleicht fünf zu eins. Odysseus, der die Waffen seiner Rivalen fortschaffen ließ, soll mit zwei Helfern und seinem Bogen fast ein volles Hundert der Freier Penelopes getötet haben. In solchen Überlegenheiten stecken aber immer auch Verluste an Selbstdisziplin und Mut, regressive Versuchungen. Diese Qualität ist den früheren Kulturen viel bewusster

---

[8] Teile dieses Textes stammen aus W. Schmidbauer: Jetzt haben – später zahlen. Reinbek 1996.

gewesen als der Gegenwart. Auch dieses Unbewusstwerden ist ein Symptom, das Aufmerksamkeit verdient.

Die ältesten Fernwaffen, Schleuder und Bogen, waren so lange umstritten, bis sie von Armbrust und Muskete abgelöst wurden, die ihre Risiken harmlos erscheinen ließen. Sie galten als tückisch und knabenhaft. Ihr Gebrauch musste durch große Überlegenheit des Gegners gerechtfertigt werden, wie in der Geschichte von David, der mit seiner Hirtenschleuder den gepanzerten Riesen Goliath tötete. Viele Germanenstämme verachteten den Gebrauch des Bogens im Krieg. In den Reiterkulturen der Thraker, Parther, Numidier, Araber, Hunnen und Mongolen war er die bevorzugte Waffe.

Die englischen Bogner des Mittelalters schossen mit ihren fast zwei Meter langen Eibenbögen in einer Minute zehn Pfeile ab, die noch einen zweihundert Schritt entfernten Mann töten konnten. Nicht höhere Treffsicherheit und schon gar nicht gesteigerte Schussgeschwindigkeit führten dazu, dass der Bogen durch die Armbrust und später durch die Arkebuse ersetzt wurde. Eine dem geschickt geführten Langbogen überlegene Fernwaffe war erst das Repetiergewehr des ausgehenden 19. Jahrhunderts. Die weniger windempfindliche Feuerwaffe setzte sich vor allem deshalb durch, weil die Munition erheblich billiger war und jeder Rekrut in kurzer Zeit einigermaßen sicher treffen konnte, während das genaue Bogenschießen sehr viel Übung erforderte. Für präzise Schüsse brauchte der Bogner sorgfältig in Handarbeit gefertigte, meterlange Pfeile mit einer geschmiedeten, geschliffenen, in Europa oft auch vergifteten Spitze.

Der Schaft wurde am Ende mit Federn versehen, die seinen Flug stabilisierten. Solche Pfeile kosteten erheblich mehr als Pulver und Blei. Ein normaler Köcher fasste nur zehn davon. Deshalb war ein Bogenschütze schneller wehrlos als ein Arkebusenträger, der zwar bei Windstille kaum genauer traf und längst nicht so rasch hintereinander schießen konnte, aber erheblich mehr Munition bei sich trug. In der Jagd blieb der Bogen viel länger erhalten als im Krieg; dort war es auch möglich, verschossene Pfeile wieder aufzusammeln, die im Krieg höchstens dem Feind zugute kamen. Fortschritte in der Metallurgie hatten im 16. Jahrhundert dazu geführt, dass Blei für ein paar Pfennige zu haben war; Salpeter, Holzkohle und Schwefel, die Grundstoffe des Schwarzpulvers, kosteten ebenfalls nicht viel und waren leicht zu beschaffen.

Die Arkebuse bot einen Vorteil, den bereits die Armbrustschützen schätzten: Wer anlegte, konnte entspannt zielen, was beim Bogenschießen nicht möglich ist. Daher sind Armbrust und Gewehr ideale Waffen, um ein bewegliches Ziel zu treffen. Will der Bogenschütze das tun, muss er über lange Zeit die volle Kraft des Bogens halten, was ihn sehr anstrengt. Wird das flüchtige Ziel in dem Augenblick sichtbar, in dem sein Bogen noch nicht gespannt ist, kann es während des komplizierten Ablaufs des Bogenspannens, Zielfassens und Loslassens wieder verschwinden. Bei Armbrust und Muskete gibt die Weiterentwicklung der Waffe dem Schützen die Möglichkeit, zwischen der Vorbereitung des Schusses und seiner Auslösung beliebig lange zu warten. Diese Waffen speichern die benötigte Energie und entladen sie erst in dem Augenblick, in dem der Schütze das will. Eine wesentliche progressive Qualität wird an das Werkzeug delegiert. Damit verliert auch der Schütze als selbstverständliche, ihm vom Gerät aufgezwungene Übung die Fähigkeit, Spannungen auszuhalten und sich dessen bewusst zu bleiben, dass dafür Kraft benötigt wird.

Der Bogen ist bei aller Verführung zur Regression, die er (verglichen mit dem Speer) enthält, doch insofern ein weit disziplinierenderes Werkzeug als die Armbrust oder die Feuerwaffe, weil er die seelische Auseinandersetzung des Schützen mit Spannung, Entspannung und Schnellkraft fördert, die bei der Armbrust nur noch zeitversetzt und bei der Flinte überhaupt nicht mehr stattfindet. Es ist kein Zufall, dass der Bogen immer wieder als Werkzeug zu religiösen und ethischen Übungen verwendet wurde. In japanischen Zen-Klöstern gehört Bogenschießen[9] noch heute zu den meditativen Künsten; auch Mohammed erwähnt den Gebrauch des Bogens als gottgefälliges Werk.

---

[9] In Deutschland pflegt der Deutsche Feldbogen-Verband diese traditionelle Form des Bogenschießens, in der Visiere, Stabilisatoren und Flaschenzugsysteme abgelehnt werden, mit deren Hilfe manche Bogenschützen aus ihrem Gerät ein technisches System machen, das dem Bogenschießen seine intuitiven Qualitäten nimmt und den Schützen der Technik unterwirft.

Die Armbrust macht sich auf eine im Prinzip dem Bogen ähnliche Weise die Schnellkraft eines Hebels zunutze. Doch wird das Hebelgesetz nicht nur für die Bewegung des Pfeils, sondern auch beim Spannen der Waffe eingesetzt. Ein Bogen aus Stahl oder Fischbein wird quer auf einen hölzernen Schaft montiert, auf dem das Geschoss – Pfeil, Bolzen, Kugel – in einer Rinne liegt. Die Sehne zieht ein Spanner zurück; sie wird durch eine Nuss arretiert. Bei Reitern war der Spanner vorzugsweise ein einfacher Hebel, der Geißfuß; bei Festungssoldaten mit stärkeren Bögen wurden Winden mit Zahnrädern verwendet. Wenn die Nuss durch den Abzug gesenkt wird, schnellt die Sehne nach vorne und treibt das Geschoss mit großer Wucht die Rinne entlang ins Ziel.

Die Armbrust wurde im frühen Mittelalter entwickelt, war aber vielleicht schon in griechischer Antike bekannt (Gastaphrete); die Belagerungsgeschütze vor der Erfindung des Schießpulvers beruhten auf demselben technischen Prinzip. Während beim Bogen die schnell erlahmende Kraft den Schützen dazu zwingt, nur wenige Sekunden zwischen Spannung und Abschuss verstreichen zu lassen, kann der Armbrustschütze sich mit gespannter Waffe entspannt auf die Lauer legen. Er blickt über eine Visiereinrichtung und trifft ohne die jahrelange Übung, welche der Bogenschütze für seine intuitive Kunst benötigt. (Moderne Bögen tragen oft Rollenzüge und Visiereinrichtungen; sie sind der Armbrust näher als dem einfachen Bogen.)

Im Mittelalter galt die Armbrust als »heimtückisch« und eines Ritters nicht würdig. Ihre Verwendung wurde von der Kirche verboten – die Kämpfer werden sich so daran gehalten haben wie die Söldner der Gegenwart an die Genfer Konvention. Bezeichnend ist auch das Schlupfloch, welches der heilige Vater den Armbrustern ließ: Gegen Heiden gerichtet blieb ihr Mordwerkzeug gottgefällig, doch christliche Ritter sollten einander nur mit den ritterlichen Waffen bekämpfen.

Wegen des hohen technischen Aufwands bei der Produktion war die Armbrust eine typische Waffe städtischer Bürger. Sie nahm zahlreiche Entwicklungen der späteren Gewehre vorweg; es gab Armbrüste mit Stecher (einem Feinabzug, der nach Auslösung des Grobabzugs bei der leisesten Berührung den Schuss freigab und so das Verreißen beim

Abdrücken verminderte), Kimme und Korn, bedeckte Rohre, durch die Kugeln aus Marmor, Ton oder Blei mit solcher Wucht geschossen wurden, dass sie noch auf zweihundertfünfzig Schritt einen Panzer durchschlugen.

Bei der Armbrust kann die Kraft für den Schuss zwar gespeichert werden, wird aber durch die Muskelkraft des Schützen oder eines Gehilfen erzeugt. Die kollektive Vormacht regressionsfördernder Techniken geht durch die Entdeckung der Feuerwaffen einen großen Schritt weiter. Sie sind die ersten Werkzeuge, durch die Explosionen in den Dienst der menschlichen Bequemlichkeit gestellt werden.

Während der Bogen unter dem Aspekt seiner latenten Folgen für die menschliche Psyche die Qualitäten des Ertragens von Spannung und des Loslassens im richtigen Augenblick fördert, ist die Feuerwaffe ein Werkzeug der Regression in die Analität. Sie kracht, stinkt, gewährt sadistische Befriedigungen, Gefühle der Überlegenheit, der Kontrolle über die Umwelt. Es ist nicht mehr die eigene Kraft, die riskiert werden muss, um zu verletzen und zu töten, sondern die entfesselte Energie von Holzkohle, Schwefel und Salpeter.

Die Evolution der Handfeuerwaffen bietet viele Beispiele, wie unmerklich sich die Verluste an progressiven Qualitäten der Werkzeuge vollziehen. Verglichen mit der Maschinenpistole, ohne die sich ein sechzehnjähriger Drogendealer in Los Angeles nackt fühlt, ist die Arkebuse eine Waffe, deren richtige Bedienung viel Aufmerksamkeit und Disziplin verlangt. Es gibt keine mühelose Verfügung über perfekt verpackte Explosionen, die mit großer Sicherheit nur in eine gewünschte Richtung wirken.

Der Vorderlader hält den Schützen auf einem geistigen Niveau, das mit dem Hinterlader und der genormten Patrone verloren geht. Spielten beim Übergang vom Bogen zur Armbrust und Arkebuse noch ökonomische Gründe der ersten Ordnung – Prinzip Sparsamkeit – eine Rolle, so herrschen bei der Entwicklung des Hinterladers bereits ökonomische Gründe der zweiten Ordnung vor: Wettbewerbsvorteile um jeden und Bequemlichkeit auch zu höherem Preis.

Die spirituelle Qualität eines Gerätes liegt darin, wie weit es jeden, der es benutzt, dazu bringen kann, sich über die Grundprinzipien seiner Funktion klar zu bleiben. Diese Situation ist bei den paläolithischen Waffen gegeben. Beginnend mit der Suche nach Feuerstein, Holz und Darmsaite müssen sie vom Schützen selbst produziert werden. Die Autonomie eines Nutzers, der Gewinn und Verlust realistisch einschätzen kann, bleibt gewahrt.

In der Tat ist der Pygmäe mit zerbrochenem Bogen im Dschungel längst nicht so hilflos wie der Weiße mit zerbrochenem Gewehr. Er kann sich aus dem Material, das ihn umgibt, einen neuen Bogen machen, notfalls mit Steinen und Ästen Fallen bauen oder sich von Pflanzen ernähren. Da der Europäer um das Risiko seiner Technologie weiß, wird er Sorge tragen, den Gefahren ihres Versagens vorzubeugen. Dadurch wird er wirtschaftlich abhängiger von seiner Ursprungsgesellschaft, die ihn mit Ersatzteilen und Munition versorgt, behält aber seine sichere Überlegenheit über den Jäger, der sich im Urwald zu Hause fühlt. Dieser wird nie in der Lage sein, zehn Elefanten aus sicherer Entfernung abzuschießen. Der weiße Jäger *kann* das nicht nur, sondern er *muss* es auch tun, um mit dem Erlös für das Elfenbein seine Ausrüstung zu bezahlen.

Durch die Möglichkeit, die Elefanten (oder die Büffel der Neuen Welt) maschinenmäßig zu töten, verliert der seiner Umwelt angepasste, sie stabilisierende Jäger die Existenzgrundlage. Die Ungleichgewichtstechnik der Weißen ist seiner Gleichgewichtstechnik kurzfristig überlegen; da menschliche Kulturen keinen Kälte- oder Trockenschlaf kennen, nützt der Gleichgewichtstechnik dann ihre weitfristige Überlegenheit nicht mehr. Sie ist verloren; die Menschen, die sie leben können, gibt es nicht länger. Nur große Verzichtsleistungen könnten den einst so selbstverständlichen Zustand zurückgewinnen.

Gemessen am Bogen ist der Vorderlader ein Schritt zurück. Verglichen mit dem Hinterlader, dem Repetiergewehr und schließlich der automatischen Waffe ist er weit mehr von geistigen Qualitäten bestimmt. Der Vorderlader war zunächst ein Handrohr, aus Eisen geschmiedet, in Holz geschäftet, manchmal mit anderen Waffen verbunden (in einem der ältesten erhaltenen Modelle bildet das Schießrohr den Griff einer Streitaxt). Pulver und Blei wurden mithilfe eines Ladestocks eingepresst; das Pulver dann durch ein Zündloch mit einer glühenden Kohle oder Lunte abgebrannt. Die Handböller der bayerischen Schützen entsprechen diesem urtümlichen Modell.

Man vermutet heute, dass die Erfindung der Kanone daraus entstand, dass die Belagerungsmaschinen des Mittelalters das seit 600 nach Christus in Konstantinopel bekannte griechische Feuer, eine frühe Form des Schwarzpulvers, in kugelförmigen Brandgeschossen über den feindlichen Mauerring schossen.

Die Entwicklung der Armbrust mit Schießrohr (des Kugelschneppers) und dieser Pulverkugeln führten gemeinsam dazu, dass irgendwann solche Kugeln in einem geschlossenen Rohr abgeschossen wurden und – vielleicht durch ein plötzlich in seiner möglichen Bedeutung erkanntes Versehen – entdeckt wurde, dass die Pulverexplosion selbst ein solches Geschoss weiter treiben kann als die Schnellkraft des Bogens. 1313 soll der Mönch Berthold Schwarz die erste Kanone abgefeuert haben. 1340 sind in Augsburg bereits Pulvermühlen dokumentiert, ein Zeichen, wie rasch sich diese Technik durchsetzte.

Amok[10]

»Wir wissen noch nicht alles über das Wie und Warum dieser Tragödie. Vielleicht werden wir es niemals wirklich verstehen. Was wir aber wissen: Wir müssen uns mehr unseren Kindern widmen und sie lehren ihre Wut mit Worten, nicht mit Waffen auszudrücken, ihre Konflikte mit Worten, nicht mit Waffen zu lösen.«

Diese Sätze von Präsident Clinton wurden in der Presse nach dem Massaker an der Columbine High-School in Littleton bei Denver zitiert, wo zwei Jugendliche mehr als ein Dutzend ihrer Mitschüler erschossen haben. Die Bilder des achtzehnjährigen Eric Harris und des siebzehnjährigen Dylan Klebold zeigen Durchschnittsgesichter.

Was mich an den Artikeln, die ich zu dem Massaker gelesen habe, ebenso irritiert wie an dem Clinton-Zitat ist die Distanz, die zu diesen Jugendlichen aufgebaut wird. Sie ersetzt Verständnismöglichkeiten

---

[10] Teile dieses Textes wurden bereits in der Zeitung ›Die Woche‹ kurz nach dem Vorfall in Littleton veröffentlicht.

durch Ahnungslosigkeit und sucht Zuflucht bei einer künstlichen Naivität. »Die Psychologen haben noch keine Antwort mit einem gemeinsamen Nenner für alle diese Fälle«, sagte etwa Manfred Rowold in der ›Welt‹, nachdem er aufgelistet hatte, wie viele Zwischenfälle mit Schusswaffen es an amerikanischen Schulen gegeben hat. Dann die rhetorischen Fragen, aus denen wir eine Auswahl treffen dürfen: »Ist es Einsamkeit? Geltungssucht? Todessehnsucht? Ein Machtwahn, gefördert durch die unterhaltsame Gewalt auf dem Bildschirm? Wie sagte Bill Clinton: ›Vielleicht werden wir es niemals wirklich verstehen.‹«

Vielleicht bin ich nun selbst ein verkappter Amokläufer oder habe so viel mit aggressiven menschlichen Fantasien zu tun gehabt, dass ich zu abgebrüht bin, aber ich kann diese Unverständlichkeits-Beteuerungen nur verlogen finden, als ein Zeichen, dass die Autoren innerlich das Weite suchen und sich so sehr von etwas gewiss Schrecklichem distanzieren, dass sie nichts, aber schon gar nichts mit ihm zu schaffen haben.

Es gehört ein wenig Nachdenken jenseits der flinken Konvention dazu, hier nicht zu fliehen, sondern innezuhalten. Thomas Mann prägte das Wort vom »Bruder Hitler« als Absage gegen die voreilige Distanz zum Bösen. Heinrich Heine, den ich hier etwas ausführlicher zitieren will, hat die kalte, unauslöschliche Wut jedes Gekränkten am schönsten formuliert: »Ich habe die friedlichste Gesinnung. Meine Wünsche sind: eine bescheidene Hütte, ein Strohdach, aber ein gutes Bett, gutes Essen, Milch und Butter, sehr frisch, vor dem Fenster Blumen, vor der Tür einige schöne Bäume, und wenn der liebe Gott mich ganz glücklich machen will, lässt er mich die Freude erleben, dass an diesen Bäumen etwas sechs bis sieben meiner Feinde aufgehängt werden. Mit gerührtem Herzen werde ich ihnen vor ihrem Tode alle Unbill verzeihen, die sie mir im Leben zugefügt – ja man muss seinen Feinden verzeihen, aber nicht früher, als bis sie gehenkt werden.«[11]

Vor einigen Tagen sprach ich mit einem etwa fünfzigjährigen Psychotherapeuten, der sich darüber empörte, dass gegenwärtig die Ho-

---

[11] Heinrich Heines Werke in fünfzehn Teilen, Band 8. Herausgegeben von Erwin Kalischer und Raimund Pissin. Berlin, Leipzig, Wien, Stuttgart. Deutsches Verlagshaus Bong & Co. (ca. 1908). Gedanken und Einfälle.

norare für seine Tätigkeit von der Kassenärztlichen Vereinigung auf zwei Drittel des bisherigen Betrags gekürzt werden sollen. Mein Kollege hatte auf einer Versammlung dieser Körperschaft protestiert, dass die Funktionäre zwar die Gelder für ihre Mitglieder verknappen, aber ihre eigenen, sehr hohen Gehälter nicht antasten. Ein Vorstand hatte ihn daraufhin ironisch abgefertigt, der Rest der Honoratioren ihn ausgelacht. »Glauben Sie mir«, sagte mein Bekannter (der die meiste Zeit seines Lebens daran gearbeitet hat, leidenden Menschen zu helfen), »es ist gut, dass ich keine Maschinenpistole dabeihatte – ich hätte sie der Reihe nach umgelegt!«

Die aus gekränktem Narzissmus agierenden Mörder rücken in unbequeme Nähe, wenn wir uns der eigenen mörderischen Wut bewusst werden, die Beleidigungen auch in uns wecken, welche wir nur mit einiger Mühe verarbeiten. Wissenschaftler sollen keine unbequemen Verbindungen herstellen, sondern die einfache und eindeutige Ursache benennen. Am besten wäre es, sie könnten einen Speicheltest aus der Tasche ziehen, mit dessen Hilfe man die Amokläufer an ihrer DNS erkennen kann.

Die Motive dieser Täter sind uns nur allzu vertraut, jeder Mensch mit ein wenig Feinfühligkeit für die Schattenseiten seiner eigenen Natur kennt sie. Was die Täter jedoch unterscheidet, ist ein Mangel an Gegenkräften, an Hindernissen, die in einer normalen Entwicklung aufgebaut werden. Ganz kleine Kinder schlagen in einer grenzenlosen Kränkungswut ohne jede Rücksicht um sich. Schrittweise lernen fast alle Menschen diese Impulse zu zügeln, sie wissen um ihre Gefahren, fürchten sich vor Strafen, können sich auch in die Opfer und in ihre Schmerzen einfühlen und erwerben die schlichte Erkenntnis, dass man niemandem etwas antun sollte, das man selbst nicht erleiden mag. Aber diese Entwicklung ist störbar. Sie hat noch in keiner Gesellschaft durchgängig funktioniert. Gegenwärtig wird diese Entwicklung zur zivilisierten Aggressionshemmung durch die Kombination von Fernsehkonsum und Verfügbarkeit automatischer Waffen total überfordert.

Wer sich in grenzenloser Wut gehen lässt und nur seine Fäuste hat, richtet Schaden an, aber wird nie in den Machtrausch verfallen, den eine Waffe erzeugt. Keulen oder Messer sind gefährlicher, aber sie machen doch das Opfer zu einem Menschen, dem man sich nähern, den man spüren, riechen kann und muss. Ein Gewehr verspricht Distanz und eine Mordpotenz so groß wie das Magazin – so viel Macht über so viele andere Leben, wie ich Schüsse gespeichert habe. Blut und Schmerz der Opfer bleiben fern von mir und ohne Gefahr für mich.

Die automatische Waffe ist der eine Risikofaktor, die Mediengewalt ist der andere. In jedem durchschnittlichen Action-Film habe ich gesehen, wie die Söldner des Feindes zu Dutzenden purzeln, ohne dass der Streifen auch nur eine Sekunde darauf verwendet, zu zeigen, dass hier ein menschliches Leben grausam beschädigt wird. Der Held ist ein Rächer, seine Opfer haben nichts anderes verdient, was zählen sie schon? Warum sollen Menschen, deren bloße Existenz mich beleidigt, weil sie alles haben, was mir fehlt, anders behandelt werden?

In Littleton haben die Täter offensichtlich aus narzisstischem Neid gehandelt: Sie hatten es auf die guten Sportler der Schule abgesehen, vielleicht auf alle, von denen sie dachten, sie hätten mehr Aufmerksamkeit und Anerkennung als sie selbst erhalten. Die Täter von Freising und Erfurt wollten sich an Vorgesetzten oder Lehrern rächen, von denen sie sich schlecht behandelt glaubten. Je tiefer die Regression in eine solche Wut, desto weniger wird zwischen direkt Beteiligten und allen anderen unterschieden, die allein durch ihre Gleichgültigkeit gegenüber dem Leiden des Täters für diesen mitschuldig geworden sind.

Vorzugeben, es sei immer noch nicht bewiesen, dass eine Kombination von aggressiver Medienwelt, Waffenverfügbarkeit und videospielähnlicher Gewalt über den Tod mörderische Folgen haben muss, befreit (Medien-)Verantwortliche von unangenehmen Aufgaben. Natürlich vertragen die meisten Jugendlichen Action-Filme gut und zielen ein Leben lang nur auf Scheiben oder die elektronisch zum Leben erweckten und zum Tod gebrachten »Feinde« in den Computerspielen. Wer aber daraus ableitet, wir wüssten doch eigentlich gar nicht genau, dass Schusswaffen und Medienaggression destruktive Folgen haben, macht es sich ähnlich bequem wie der Chemiker, der behauptet, ein Stoff sei total harmlos, weil eine einmalige Gabe einem gesunden Menschen nicht schade.

Die Mediengewalt schafft eine völlig verzerrte Wirklichkeit, in der unsere Fantasie angeregt wird, ständig an einen aggressiven Exzess zu denken. Man hat herausgefunden, dass ein Polizist in den USA während seiner ganzen beruflichen Laufbahn durchschnittlich dreimal in einer Ernstsituation seine Schusswaffe zieht. In jedem Vorabendkrimi wird dieses Kontingent gleich mehrmals ausgeschöpft. Die Mediengewalt übertreibt nicht nur, sie konzentriert sich immer auf die schnelle, eindrucksvolle Tat und vernachlässigt das Opfer vollständig, dessen Genesung peinigend lange dauert.

Nehmen wir ein anderes Beispiel: Einige wenige Kranke unter uns würden durch einen Stoff in der Atemluft geschädigt, den mächtige Industrieunternehmen produzieren. Gesunde vertragen die freigesetzte Dosis problemlos. Wie entscheidet ein verantwortungsvoller Politiker? Opfert er die Kranken der Bequemlichkeit der Gesunden? Oder schätzt er sie als kostbare Zeichengeber, die verraten, was gegenwärtig Gesunde noch nicht verletzt, aber auf lange Sicht vielleicht doch tun wird?

Wir sollten die Außenseiter unter den Jugendlichen, die nicht wissen, wie sie ihr Gewaltpotenzial unter Kontrolle bringen, nicht als unverständliche Wahnkranke abschreiben, um weiter dem Waffen- und Gewaltrausch in den Medien zu frönen, der schließlich einem normalen Jugendlichen nichts anhaben kann. Wir sollten sie als Seismografen ansehen, deren Erschütterung uns anzeigt, wie sehr wir alle in Gefahr sind, an Zivilisiertheit einzubüßen.

Die Amoktäter von Littleton erschütterten die Öffentlichkeit, weil sie so jung waren. Nur junge, ungefestigte, ungebildete Menschen können so etwas tun! Der nächste Amoklauf ließ nicht lange auf sich warten. Ein Akademiker und Familienvater war der Täter, der vierundvierzigjährige Apotheker und Spekulant Mark O. Barton, der in Atlanta, Bundesstaat Georgia, seine Frau und seine Kinder ermordete, zwei Faustfeuerwaffen einpackte und neun Menschen erschoss. Barton war ein Spieler; er wurde zum Opfer seiner Sucht und rächte sich an denen, die er für seine Verluste verantwortlich machte und die ihn gewissermaßen zu einer Art Risikosportart für Menschen verführt hatten, die schnell reich werden wollen.

Weshalb sollen nur Börsenmakler und Banken durch Spekulationsgeschäfte an einem Tag eine Million verdienen? »Daytrader« bieten heute in den USA Computerterminals zur Miete an, mit deren Hilfe ihre Kunden in »Echtzeit« an der Börse spekulieren können. Offensichtlich fühlte sich Barton von diesen Firmen betrogen und ausgenützt. »Der Markt ist nach unten gegangen, und ich hoffe, dass das euren Tag nicht ruiniert«, soll er gesagt haben, ehe er seine Waffen entsicherte und die Angestellten der Firma erschoss, bei der er spekuliert hatte. Vier Menschen waren sofort tot. Damit nicht genug, ging Barton zu einer anderen Daytrading-Firma in einem benachbarten Bürokomplex und erschoss weitere fünf Menschen. Wenige Stunden nach der Tat wurde er tot in seinem Auto gefunden.

Spieler und Bastler

Wir sollten die Versuchung meiden, solche Taten allein der Pathologie von Individuen zuzuordnen. Diese würden ohne die verlogenen Glücksversprechen der Konsumwelt niemals derartig entgleisen.

Menschen wie Barton glauben, dass sie mehr Glück haben als andere. Sie fühlen sich entsprechend entwertet, wenn sie in eine Pechsträhne geraten. Sie suchen die Ursache dann nicht bei sich, sondern wollen sich an ihrer Umwelt für das rächen, was sie ihnen angetan hat, und gleichzeitig den Menschen, die sie zu lieben glauben, das Leiden an dieser Welt ersparen – Barton schrieb in einem Abschiedsbrief, ein kurzer Schmerz sei besser für seine Kinder als lebenslängliches Leid.

Eben das ist die Lektion der dummen Dinge: das Versprechen leidloser Lust, deren Gegenbild das lustlose, unendliche Leid ist. Der zyklische Wechsel von Arbeit und Erholung, Freude und Schmerz geht verloren. Glück heißt mühelose Bereicherung. Wenn sie scheitert, bleiben nur Empfindungen unüberwindlicher Wertlosigkeit und rachsüchtiger Wut. Der Neid des Verwöhnungssüchtigen auf andere, die er im Besitz der ihm vorenthaltenen Güter wähnt, steigert sich im Amoklauf zur blinden Mordlust. Dieselben Medien, die solche Mordlust beklagen, preisen in ihren Beschreibungen der Dinge die Verwöhnung als das höchste Ziel.

Kluge Dinge erziehen Bastler, die eine kostbare Haltung erwerben:

angesichts von Widerständen nicht aufzugeben, sondern neue Wege zu suchen und darauf zu vertrauen, dass eigene Anstrengung zu Erfolg führt. Dumme Dinge erziehen Spieler: Wer den Glückstreffer landet, hat ausgesorgt, und wer Pech hat, kann nichts anderes machen, als alles auf die nächste Karte zu setzen.

→ *Waffennarr*

Breimauern

Um in das Schlaraffenland zu gelangen, in dem gebratene Tauben dem Besucher in den Mund fliegen und Bäche Wein, Milch oder Honig führen, ist es notwendig, sich durch eine dicke Mauer aus Brei hindurchzufressen. Das aktuelle Äquivalent zu diesen Breimauern scheint mir heute die Distanz des Großstädters von seinem Haus auf dem Land bzw. die des Landbewohners von seinem Arbeitsplatz in der City. Es ist uns selbstverständlich geworden, uns durch solche Breimauern hindurchzufressen, wobei eine der beschönigenden Vokabeln die vom »Pendler« ist, als reiche der Schwung, der ihn irgendwohin führt, auch aus, ihn zurückzubringen. Das Gegenteil ist der Fall: Die Pendler verstopfen periodisch alle Wege, Schwung hilft ihnen gar nichts.

Die modernen Breimauern haben eine ganz andere Qualität als die der traditionellen Fabel. Sie sind anfänglich fast unsichtbar und werden dann von Jahr zu Jahr dichter, undurchdringlicher, zäher. Der Brei schmeckte einmal süß und war gar nicht der Rede wert – heute liegt er wie Blei im Magen, verstopft Mund und Nase, zwingt jedes Mal dazu, sich mit einem Vorsatz zu wappnen. Unmerklich bestimmen dann diese Eigenschaften auch das, was wir innen, im Schlaraffenland, erleben: Ist es uns die dicke, eklige Breimauer noch wert?

Ein Freund von mir kaufte sich als Student für eine lächerliche Summe ein Waldstück mit Quelle am Pilion, dem mythenumwobenen Bergland in Nordgriechenland. Damals war alles Entzücken: Meer und Land und Luft, die Gespräche am Dorfplatz und die nächtlichen Ausfahrten mit dem Fischerboot. Später baute er ein Haus dort und ließ es nach örtlicher Sitte mit Steinplatten decken, obwohl Ziegel inzwischen viel billiger waren.

Heute, zwanzig Jahre später, überlegt er sich jeden Sommer, ob er hinunterfährt oder nicht. Er hat schon alles versucht, um die Breimauer etwas durchlässiger zu machen: Er kennt die Fähren in Süditalien und den Flughafen von Athen mit den Boxen für die Leihwägen, aber was er auch tut, die Breimauer wird von Jahr zu Jahr undurchdringlicher.

Ich bin längst nicht so weit in den Süden gegangen, aber das Haus in der Toskana vermittelt mir ganz ähnliche Erfahrungen. Als die Brenner-Autobahn fertig war und die Breimauer theoretisch in sechs Stunden zu durchdringen, schien die Entfernung nicht kürzer, sondern länger und mühsamer. Manchmal wunderte ich mich, dass die Fahrt gar nicht so unangenehm war; dann wieder übertrafen Stau, Gestank und Stress alle Erwartungen. Dort angekommen, atme ich auf, aber vor der Abreise legt sich die Breimauer grau und zäh auf mein Gemüt. Der ererbte Wald in Franken, das Wochenendhaus, die Freunde auf dem Land – wenn nur die Breimauer nicht wäre.

Das Auto als künstlicher Uterus macht uns hysterisch in genau dem antiken Sinn: Die Gebärmutter reißt sich los und stiftet Schaden. Das Auto täuscht uns durch sein Versprechen, uns wohl beschützt »von Tür zu Tür« zu bringen. Aber in Wahrheit müssen wir uns durchfressen, es schmeckt uns mit jedem Mal weniger, es vergiftet uns mit jedem Mal mehr.

C

Cadillac

Die Standardausstattung für einen Cadillac Seville 1997 umfasst ein elektronisches System, das die Spurhaltung übernimmt und den Straßenzustand erkennen kann. Dazu kommt selbstverständlich ein für den gegenwärtigen Verkehr viel zu starker Motor mit zweiunddreißig Ventilen und acht Zylindern. Die Bequemlichkeit des Fahrers sichern Leder und Edelholz, aber auch ein Computer, der die einmal programmierten Daten für Sitzposition, Außenspiegel und sogar die Lieblingssender im Radio einstellt, sobald man Platz nimmt.

Dieser elektronische Butler speichert die Daten zweier Fahrer und reguliert Sitzposition, Außenspiegel und Lieblingssender im Radio automatisch so, wie es das Programm gebietet. Die Scheibenwischer gehen bei Regen von selbst an; die Scheinwerfer schalten sich ein, wenn die Sicht schlechter wird. Es gibt natürlich ABS und Airbags, eine Klimaanlage und eine Motorelektronik, die den Verlust der Kühlflüssigkeit dadurch kompensieren kann, dass sie dann jeden zweiten Zylinder abschaltet und somit eine provisorische Luftkühlung installiert. Ist das Luxus oder ein Programm zur Entwicklung menschlicher Dummheit und Trägheit?

Gerne male ich mir aus, wie ein Cadillac-Besitzer mit ausgerenktem Hals und krummem Rücken seinem Gefährt entsteigt, den Klang von Sendern im Ohr, die er partout nicht leiden kann, weil er den Computer-Butler nicht dazu bringen konnte, ihn zu bedienen. Ich sehe ihn mit brechenden Fingernägeln nach einem Rad suchen, mit dem er die Sitzneigung ändern kann, und mit der Faust auf ein Display schlagen, weil es keinen Knopf mehr gibt, mit dessen Hilfe man Sender einstellt.

Schließlich tritt er mit dem Gang des gealterten John Wayne nach einem langen Ritt an den fashionablen Counter und muss sich von einem wahnsinnig netten Verkäufer versichern lassen, sein Problem habe noch nie jemand gehabt und es sei auch lächerlich leicht zu lösen. Dann bringt ein Spezialist mit drei Eingaben alles in Ordnung, Eingaben, die so simpel und schnell gemacht werden können, dass unser Fahrer sie bereits vergessen hat, sobald er – richtig beschallt, richtig sitzend, mit guter Sicht in die Rückspiegel – die Werkstatt verlässt.

Computer

Ich habe den Blick des Kindes auf die Computerwelt, das zwar nicht genau weiß, was ein Kaiser bedeutet, aber doch rufen kann: »Der Kaiser ist nackt!«

Der Computer ist kein dummes Ding, aber ganz gewiss auch keines, auf dessen Qualitäten als kluges Ding wir uns verlassen können. Er ist so schnell und so bunt, die meisten Nutzer verwenden ihn, ohne auch nur im Geringsten zu verstehen, wie er funktioniert; die Programme werden immer weniger transparent, immer narrensicherer und oberflächlicher.

Alle Versprechen, dass Computer die Verschwendung an Zeit und Kraft für stupide Arbeiten abschaffen, die Intelligenz des Menschen fördern, die Umwelt schonen würden, haben sich nicht erfüllt. Sinnlose Standby-Schaltungen und blitzschnell veraltete Glanzpapierzeitschriften über Computer-Welten, -Märkte, -Spiele vergeuden weit mehr Energie, als die papierfreie Kommunikation erspart. Statt Sprachen zu lernen und Orthografie zu trainieren, sitzen Kinder in elektromagnetischen Feldern und versinken in Videospielen, in denen sie vor allem lernen bewegliche Ziele zu treffen. Computer und das Internet haben nicht allen Menschen – Ungebildeten wie Gebildeten, Armen wie Reichen – Zugang zur Informationswelt verschafft, sondern einer Finanzelite ermöglicht, mit den Ressourcen des Planeten ein globales Monopoly zu spielen. → Breimauern an banalen, reklamegesättigten Informationen umgeben im World Wide Web alles, was ich wirklich wissen will.

Computer digitalisieren unser Denken: Sie kennen nur ja und nein, ganz richtig oder ganz falsch. Während der Mensch, der z. B. eine Sprache lernt, sich trotz seiner Fehler verständlich machen kann, behandelt der Computer einen Befehl, in dem ein Buchstabe falsch geschrieben ist, wie einen Befehl, in dem kein Buchstabe stimmt. Er fördert magisches Denken – »triffst du nur das Zauberwort« – und damit die Dummheit.

Neulich erhielt ich das jüngste Buch eines befreundeten Wissenschaftlers, eine Sammlung seiner Aufsätze und Vorträge, die er zu verschiedenen Anlässen gehalten und jetzt unter einem neuen Titel überarbeitet und geordnet hatte. Ich las ein wenig darin und stutzte plötzlich: Dieser Text kam mir bekannt vor, ich hatte ihn doch eben schon ...?

Zurückblättern führte auf die richtige Spur: Tatsächlich stand derselbe Textbaustein auch in einem vorigen Kapitel, er war diesmal nur in einen anderen Kontext gestellt. Aber der Autor hatte offensichtlich das dort zitierte Beispiel und seine Diskussion herüberkopiert und in seiner Überarbeitung dieses Selbstplagiat entweder übersehen oder für harmlos gehalten.

Ich bin einer der Autoren, die nicht diktieren, sondern eine sinnliche Beziehung zu ihrem Schreibgerät aufbauen. Daher habe ich auch lange gezögert, meine Geliebten Dora Olivetti und Monica Olympia aufzugeben. Sie passten überall hin, ich konnte die meisten Defekte selbst reparieren und musste nie nach einer Steckdose suchen, was in dem von mir bevorzugten Ferienquartier ohnehin scheitert. Inzwischen versorge ich ein Powerbook mit dem Strom der Solarzelle, die auf dem Dach des Hauses liegt, weil ich es auf die Dauer zu unbequem fand, in den Ferien Getipptes anschließend in den Computer einzugeben.

Warum hatte ich mich umgestellt? Ein Teil war Zwang: Wissenschaftliche Zeitschriften und Verlage wollen nur noch drucken, was ihnen auf Diskette geliefert wird. Ein Teil war Angst: Wollte ich mich wirklich von einer Technik ausschließen, die – ob ich damit einverstanden bin oder nicht – unsere Zukunft gestalten wird?

Die Faszination stellte sich erst schrittweise ein, als ich mein Schreibprogramm allmählich beherrschen lernte. »Beherrschen« ist übertrieben; es ist eher so, dass ich in seiner elektronischen Wildnis einige Trampelpfade angelegt habe, auf denen ich mich sicher bewege und das wiederfinde, was ich gestern gearbeitet habe. Denn der Schrei »Hilfe, ich habe meine Datei verloren« war das Trauma meiner Anfänge. Kein Medium ist so unbarmherzig wie ein Computer, wenn es darum geht, die Arbeit von Tagen oder Wochen verschwinden zu lassen.

Wenn ich früher, von Monica Olympia oder Dora Olivetti begleitet, in einem neuen Aufsatz einen Gedankengang wiederholen wollte, über den ich schon einmal etwas geschrieben hatte, musste ich mir den Text holen und ihn abschreiben. Das war öde; deshalb verfasste ich lieber gleich einen neuen Text, in dem ich den Gedankengang variierte und – wie es Kleist über die Verfertigung der Gedanken beim Sprechen sagt – dabei auch auf andere Einfälle oder genauere Formulierungen kam. Jetzt stocke ich, wenn ich zu einem Gedanken komme, den ich schon einmal aufgeschrieben habe. Ich kann es bequemer haben. Der Computer verliert nichts. In ihm bleibt, durch Sicherheitskopien geschützt, alles erhalten, was ich jemals formuliert habe. Es ist Alzheimers Albtraum.

Ich klicke die bereits vorhandene Datei an, durchsuche den Text nach passenden Passagen, kopiere sie mit demselben Aufwand, den es mich früher kostete, drei Buchstaben zu schreiben, und füge sie an den betreffenden Stellen ein. Der Computer nummeriert die Fußnoten automatisch neu. Heute produziere ich Texte an einem Tag, zu denen ich früher eine Woche benötigt hätte.

Aber was sind diese Seiten, die so billig zu haben sind, noch wert? Jede Verwöhnung hat ihre eigenen Gefahren. Durch die scheinbar unbegrenzten Möglichkeiten der Selbstmultiplikation wächst die Neigung, einfach drauflos zu kopieren; man kann ja später alles ändern. Auf dem Bildschirm sieht der Text perfekt aus. Er ist es aber nicht, er steckt voller Wiederholungen. Ich verbringe, seit ich mit dem Computer schreibe, viel mehr Zeit mit Korrekturen. Meine »mechanisch« entstandenen Bücher waren kürzer, präziser.

Seit ich meinen Freund ertappt habe, bin ich doppelt vorsichtig geworden, aber dennoch erliege ich wieder der Verführung, während einer Pause oder mitten in einer Argumentation klickklickedieklick ein Zitat, eine Literaturangabe, ein paar Seiten Text aus dem Speicher zu holen. Wir Computer-Autoren gehen nicht mehr auf den Bauernmarkt und bereiten frische Ware zu, wir wandern durch Tiefkühlkeller und tauen in der Mikrowelle Fertiggerichte auf. Zeitersparnis? Was ich voreilig in einen Text kopiert habe, werfe ich fast immer in der nächsten Bearbeitung wieder heraus – es passt doch nicht.

Weiter führt die Überfütterung der potenziellen Leser mit einem

Gemisch aus Aufgewärmtem und Frischem dazu, dass schludriger argumentiert und weniger gelesen wird. Ich weiß nicht, ob dazu empirische Studien existieren, aber ich bin überzeugt, dass zahllose Druckwerke gerade deshalb abonniert oder im Buchhandel erworben werden, um sich von der lästigen Leserei freizukaufen. Von den Fachzeitschriften, die in unseren Haushalt kommen, lese ich bestenfalls ein Zehntel des Textangebots.

Alle wollen reden, keiner hört zu. Wir nähern uns dem Punkt, an dem in den Geisteswissenschaften die Zahl der Wiederholungen jene der Originale übertrifft. Auch bei gutem Willen kann niemand mehr alles lesen, was zu seinem Thema gehört; daher wird Forschung mehrfach gemacht. Solche unfreiwilligen Plagiate sind heute viel häufiger als die absichtlichen, die schließlich voraussetzen, dass man einen Text gefunden hat, von dem man dann abkupfert.

Wenn ich Bücher der Computer-Ära mit denen der mechanischen Schreibmaschine oder der Handschrift-Buchdruck-Zeit von Thomas Mann und Sigmund Freud vergleiche, dann finde ich vor allem, dass heute schlampiger geschrieben, lektoriert und gedruckt wird.

Es gab eine Zeit, da mussten die Dichter alles auswendig wissen, was sie geschaffen hatten. Was andere nicht so überzeugte, dass sie bereit waren, es zu erlernen, wurde vergessen. Die Verschriftung hat das geändert, sie ist nach den melancholischen Sätzen von Claude Lévi-Strauss (in ›Traurige Tropen‹) ein Mittel gewesen, Menschen zu unterdrücken, ehe sie in die Lage kam, ihren Geist zu erleuchten. Geschrieben wurde zuerst dort, wo es galt, Machtstrukturen aufzubauen – Landeigentum, Bewässerungsanlagen, Dokumente über Schulden, über religiöse und gesetzliche Vorschriften, über Sklaven und Herren. Aber auch die geschriebene Schrift erhielt noch den Respekt vor dem Wort, einfach dadurch, dass es mühsam war, eine Seite abzuschreiben. Textverarbeitung klingt so industriell, wie sie in der Tat abläuft. Wir ertrinken in einer Flut von mühelos kopierten Trivialitäten.

D

Draht

Wie sehr die industrielle Fertigung von Draht die Gesellschaft verändert hat, entgeht in der Regel unserer Aufmerksamkeit. In der Schule unserer Jugend, den Hollywood-Filmen, taucht diese stille Revolution als Leidensgeschichte der Viehzüchter und ihrer Cowboys angesichts der Stacheldrahtzäune der Siedler auf. Der Stacheldraht trennte Äcker von Weiden, erlaubte eine intensive Landwirtschaft, leitete aber auch das Ende der großen Herden und der freien Weide ein. Ohne Draht keine Konzentrationslager, kein Drahtverhau, keine Seilbahn.

Die Draht-Zeit ist eng mit der industriellen Revolution verbunden. Zwar wurde bereits im 14. Jahrhundert entdeckt, Draht zu »ziehen« – das heißt ihn dadurch zu gewinnen, dass man Metallstäbe erhitzte und durch ein kegelförmiges Loch einer aus hartem Metall (später aus Korund oder Diamant) hergestellten Form zog. Vor dieser Entdeckung gewannen die Handwerker Draht, indem sie Metallstäbe auf einem Amboss immer dünner ausschmiedeten. Aber erst im 19. Jahrhundert wurden im Zug der industriellen Revolution Eisen- und Kupferdraht zu billigen Materialien für den Alltag.

Nur relativ wenige Metalle sind gleichzeitig so fest und so elastisch, dass sie sich zum Drahtziehen eignen: Platin, Gold, Silber, Kupfer, Eisen, Aluminium. Zusätze von Kohlenstoff, Phosphor oder anderen, in reiner Form ungeeigneten Metallen verbessern die Zähigkeit. Draht revolutionierte die Kommunikation, die Landwirtschaft, die Beleuchtung, den Brückenbau und die Nahrungsmittelindustrie.

Die Kunst des Umgangs mit Draht ist ein fesselndes Beispiel, wie der industrielle Fortschritt große Potenziale freisetzen kann, die er dann in seiner weiteren Entwicklung auch wieder vernichtet. Während die industrielle Verwendung von Draht sich kontinuierlich entwickelte und immer feinere Netze (z.B. für Filter, für die Papierindustrie)

hergestellt wurden, ist die handwerkliche Verwendung nach ihren
Höhepunkten in der Kunst der Drahtbinder heute so gut wie aus-
gestorben.[12]

In Bauernhofmuseen finden wir oft Schalen, Krüge und Töpfe aus
Ton, die von einem kunstvollen Drahtgeflecht umgeben sind. Andere
Küchengeräte sind gesprungen, aber mit Draht so perfekt genäht, dass
sie an Gebrauchswert und an Schönheit nichts verloren haben. Diese
Arbeiten stammen in Mitteleuropa von wandernden Handwerkern, die
aus großer Armut oder sozialer Ächtung aufbrachen, um in den
Städten und Dörfern ihre Dienste anzubieten und ihren Lebensunterhalt zu bestreiten. Sie gehörten wie die Scherenschleifer und die Kesselflicker, zu den nicht in Zünften gebundenen »Pfuschern«.[13] Es waren
Zigeuner, jüdische und slawische Handwerker, die bewundernswerten
Einfallsreichtum entwickelten. Die Kunst der so genannten »drotari«
(Drahtbinder) war im 19. Jahrhundert in Europa noch so selbstverständlich, dass Franz Lehár in der Operette ›Der Rastelbinder‹ unbe-
fangen voraussetzen konnte, jeder würde verstehen, wovon die Rede
ist.

Viele der Drahtbinder kamen aus dem Norden der Slowakei, aus der
Gegend um Zilina. Sie zogen auf viele tausend Kilometer langen Wan-
derwegen durch Europa, hatten eigene Herbergen, eine eigene Sprache
und flickten alles, was repariert werden musste. Sie erreichten dadurch
oft eine höhere Festigkeit, als es die Gegenstände vor der Reparatur

---

[12] Es gibt heute Versuche, die Drahtbinderei auf einem künstlerischen Niveau
neu zu beleben. In der slowakischen Stadt Zilina, im Schloss Budatin, wurde jüngst
ein Drahtbindermuseum eröffnet, und es gibt Künstler, die sich mit dieser Technik
beschäftigen. Vgl. M. Frank: Das slowakische Ei des Kolumbus. In: Süddeutsche
Zeitung vom 14. 4. 2001, S. 12.

[13] Die letzten Spuren dieser »zünftigen« Regelung habe ich am eigenen Leib zu
der Zeit erlebt, als die therapeutisch tätigen Diplom-Psychologen eine Zulassung
nach dem Heilpraktiker-Gesetz benötigten. In der Urkunde, die ich in den achziger
Jahren nach einigen bürokratischen Prüfungen vom Gesundheitsamt erhielt, war
ausdrücklich vermerkt, dass ich die Heilkunst nicht im Umherziehen ausüben dürfe.
In den Bestimmungen des Arztrechts wirken noch immer die Machtkämpfe gegen
die »Kurpfuscher«, Marktschreier und Zahnreißer nach. Dass unter den reisenden
Ärzten hohe Begabungen waren, zeigt das Beispiel des Paracelsus.

hatten. (Das ist ja der Stolz jedes Flickers: dass seine Reparatur länger hält als der Rest des Gegenstands.[14]) Es waren hölzerne Geräte, Backtröge, Schüsseln, Fässer, Gefäße aus Ton und sogar Porzellan. Später wurden manche Geschirre – beispielsweise Bratpfannen – von Anfang an durch ein kunstvolles Drahtgeflecht geschützt.

In Böhmen wurden auch großartige Klosterarbeiten aus Glasperlen und Draht gefertigt, es gab Ostereier, die mit Silberdraht umflochten wurden, Mausefallen, Vogelkäfige und andere Drahtarbeiten. Angeblich hat ein Slowake auch die Einkaufskörbe und -wägen aus Draht erfunden, die in allen Supermärkten stehen und mitgeholfen haben durch den massenhaften Umsatz von Ramsch die Kunst der Reparatur zu vernichten.

→ *Pfusch*, → *Puppenwirtschaft*

---

[14] Ich habe ein einziges Mal einen Abglanz von diesem Stolz erlebt: Als ich das gerissene Gasseil meines VW-Käfer mit einer Lüsterklemme reparierte, die länger hielt als das Seil, das ich drei Jahre zuvor schon einmal ausgewechselt hatte.

Dusche

Kann eine Dusche intelligent sein? Ich besitze eine in dem Toskanahaus, wo es nur eine Zisterne, aber kein fließendes Wasser gibt. Sie besteht aus zwei dicken Gummischläuchen mit Ventilklappen, die durch Bandeisen fest verbunden sind und Trittflächen aus Gummi tragen, auf denen ich beim Duschen stehe. Wenn ich das Körpergewicht abwechselnd auf den einen und den anderen Schlauch verlege, saugt dieses Gerät mit dem jeweiligen Schlauchende (simpler, halbzölliger Gartenschlauch) aus einem Gefäß Wasser an, das es am anderen Ende mit Druck ausspeit.

Diese kluge Dusche kostet rund zwanzig Euro; ich habe sie in einem Laden für Campingbedarf erworben. Sie lehrt mich, wie viel Wasser ich für ein Duschbad brauche, und leistet damit mehr als alle hundert- bis tausendmal teureren Duschen, die in Wohnungen und Häuser eingebaut werden. Im Sommer stellen wir, wenn wir warm duschen wollen, einen geschwärzten Behälter in die Sonne. Im Winter brennt ohnehin das Kaminfeuer – wenn der Kupferkessel über den Flammen gefüllt ist, reicht er für zwei warme Duschbäder.

Anfangs lösten sich die Steckverbindungen der Schläuche immer wieder. Aber dank der einleuchtenden Konstruktion war es nicht schwer, mit Schlauchklemmen aus rostfreiem Stahl Abhilfe zu schaffen. Seitdem tut diese Dusche viele Jahre ihren Dienst.

Eine andere intelligente Dusche ist die geschwärzte Gießkanne an einem passenden Baumast, die mithilfe eines Seils geneigt werden kann. Das Diogenes-Modell habe ich einmal bei einem Manager gesehen, der an einer der Toskanagruppen teilnahm: Er ging immer mit einer Plastiktüte zum Bach (dessen Gumpen im Hochsommer kaum für ein Tauchbad reichen), füllte die Tüte prall und goss sie sich langsam über den erhitzten Leib.

E

Entsinnlichung und Pseudosinnlichkeit

Die Hausfrau der Zukunft hat in der Küche einen Bildschirm mit Touchscreen. Berührt sie eines der dort gezeigten Symbole, dann erscheinen alle wichtigen Bereiche ihrer Welt und lassen sich regeln: Backofen, Kühlschrank, Mikrowelle und Spülmaschine ebenso wie das videoüberwachte Kinderzimmer und der Sandkasten im Garten.

Das ist keine Erfindung eines Satirikers, sondern ein Szenario, das Leuten einfällt, die lieber in einer digitalisierten Welt leben. Die Videokameras sind mit Aufnahmegeräten verbunden; die Hausfrau kann Szenen aus allen Zimmern des Hauses dokumentieren bis zu den pikantesten Details, wenn der halbwüchsige Sohn beim Onanieren, die Tochter beim Ausdrücken ihrer Pickel festgehalten werden.

Entsinnlichung und Pornografie gehören beide zu den virtuellen Welten, an deren Schwelle wir stehen: Cybersex und haptische Verarmung. Schon heute fällt in den Kindergärten auf, dass die Bildschirmgeneration motorisch ungeschickter ist als alle Generationen vor ihr. Viele Kinder können nicht auf Bäume klettern und geraten aus dem Gleichgewicht, wenn sie auf einem Bein hüpfen sollen. Es fallen ihnen keine Spiele ein. Wenn sie keine Zuwendung oder Ablenkung bekommen, werden sie unruhig, wenn ihnen etwas abverlangt wird, aggressiv.

Den zentralen Unterschied zwischen mechanischen und elektronischen Geräten sehe ich darin, dass Störungen in elektronischen Kontexten den Nutzer nicht belehren, sondern ihn ratlos, meist abhängig von dem Hersteller des Produkts zurücklassen. Es ist schwierig, Elektronik sinnlich erfahrbar zu machen. Mechanik dagegen gleicht den Hebeln und Greifern an unserem Körper so sehr, dass wir sie und ihre Störungen spontan verstehen und angeregt werden, uns Abhilfe einfallen zu lassen, was bei gut konstruierten Dingen auch gelingt.

Wenn der Hammerstiel abbricht, kann ich einen neuen schnitzen oder den abgebrochenen anspitzen, um ihn erneut zu verwenden. Wenn das Festplattenlaufwerk meines Powerbooks den Geist aufgibt, erklingt eine schleppende Melodie, eine Art Trauermarsch, und vielleicht erscheint noch auf dem Bildschirm die Anzeige, dass ein schwerer Fehler vorliegt, was ich bereits weiß. Der Rest ist undurchschaubar. Auch der Spezialist in der Werkstatt kann mir nur sagen, dass da etwas kaputt ist, was er auswechseln kann, wenn ich es angesichts der blitzartigen Veraltung meines Computers überhaupt noch ersetzt haben will, es gibt einen ganz neuen im Sonderangebot ...

Wenn ein Kohleofen nicht heizt, ein Topfdeckel nicht schließt oder ein Rührlöffel sich verbiegt, kann die Störung erlebt, durchschaut und behoben werden. Wenn die Mikrowelle versagt, gibt es nichts zu sehen und nichts zu tun; die einzige Abhilfe besteht darin, den Spezialisten zu rufen oder – meist billiger – das Gerät sogleich gegen ein neues zu tauschen. Je tiefer wir uns in die Digitalisierung begeben, desto undurchschaubarer werden alle Störungen; wir können nicht mehr hinter die Benutzeroberflächen blicken, die Struktur der Programme ist für die meisten von uns so rätselhaft wie die Viren, welche sie befallen können.

Makaber sind die auf den meisten Benutzeroberflächen veranstalteten Versuche, diese Sinnlichkeitsverluste zu beheben und pseudohaptische Welten zu generieren: Da ist ein Papierkorb, ein Ordner, und wenn ich die Dateien einer Diskette auf die Festplatte kopiere, flattern Papierstücke mit einem eleganten Salto aus der einen in die andere Mappe. Ich stelle mir vor, wie in dieser Weise erzogene Kinder irgendwann einem echten Ordner aus Pappe begegnen, in dem reale Blätter liegen. Sie werden ähnlich verwundert reagieren wie Stadtkinder, die beim Urlaub auf dem Bauernhof herausfinden, dass die Milch dort aus dem Euter einer Kuh kommt.

F

Fahrradmeister und Teileverkäufer

Erhitzt und betrübt kommt Gudrun nach Hause: Ihr an der Universität abgestelltes neues Rad – Aluminiumrahmen, Siebengangnabe – hat hinten einen so starken Schlag, dass sie nur noch mit großer Mühe fahren kann; der Mantel streift am Rahmen. Ich nehme den Schraubenschlüssel und versuche das Rad so einzustellen, dass es wenigstens nicht mehr von der hinteren Gabel gebremst wird. Es gelingt nur unvollkommen; das Fahren macht keine Freude mehr, das Heck zappelt.

Ich habe schon versucht einen Schlag zu reparieren. Aber es ist mir nicht gut gelungen. Ich hatte den Eindruck, dass nachher zwar die Speichen fester gespannt waren, aber die Unregelmäßigkeit nie ganz beseitigt war. An dieses Rad will ich mich nicht wagen. Also muss Gudrun zum nächsten Händler in der Straße.

»Es war ein netter, junger Mann«, sagt sie später. »Natürlich ist er bereit, das Rad zu reparieren, wenn es möglich ist. Er wirkte sehr kompetent und überzeugend. Erst hat er gesagt, es sei mein Fehler, das Rad habe sich verzogen, weil ich die Speichen nicht habe nachziehen lassen. Dann hat er festgestellt, dass nichts zu machen ist. Bei einer Stahlfelge könne man einen leichten Schlag richten, auf gar keinen Fall aber bei einer Aluminiumfelge. Er könne mir nur ein neues Hinterrad verkaufen, mit einfacher Rücktrittnabe für achtzig Euro; mit der Torpedo-Siebengang kostet es an die dreihundert. Ich habe mich gewundert, dass diese neuen Räder sich verziehen, wenn man die Speichen nicht kontrolliert. Bei meinem alten Rad habe ich das nie gemacht und es ist zwanzig Jahre gefahren. Ich denke, dass irgendein Rowdy dagegengetreten ist. Und ich wollte die Sache nicht entscheiden, ohne noch einmal mit dir zu reden, ob es nicht vielleicht doch anders geht.«

Jetzt fällt mir ein, dass ich vor einem Jahr dem Dorfschmied in

Obermässing ein Rad gebracht habe, dessen Schlag ich nicht reparieren konnte. Er hat es damals für zwanzig Mark gerichtet, es lief wieder tadellos. Obermässing liegt in Mittelfranken, nicht weit vom Altmühltal und dem alten Dorfwirtshaus von Hagenbuch, das wir als Wochenendhaus nutzen.

Am nächsten Wochenende lade ich Gudruns Rad in den Kombi und fahre zu dem Schmied. Er ist schon lange in Rente, man muss an einer mit Drahtglas und eloxierten Aluminiumstäben geschützten Haustür läuten. Er ist meistens da, hört sich an, dass ich von Hagenbuch komme und ein Rad mit Schlag habe, das ich selber nicht mehr hinbringe. »Ja, ja«, sagt er bedächtig und sieht sich den Schaden an. »Der Achter ist ganz schön stark, aber es müsste schon gehen, ich probier's. Rufen Sie morgen Abend an!« Ich schreibe die Nummer auf und bedanke mich.

Am Sonntagabend kann ich das reparierte Rad abholen. Der Schlag ist bis auf einen kaum merklichen Rest verschwunden. Die Reparatur kostet zehn Euro. Ich frage ihn, wie er es macht. »Ich nehme das Rad herunter, den Mantel, den Schlauch, dass ich von innen an die Speichen komme. Und dann muss man ein bisschen probieren.« Er ist über siebzig, ein Fahrradmeister, kein Teileverkäufer.

Was unterscheidet einen Teileverkäufer (der sich oft als Handwerker tarnt) von einem Handwerksmeister? Der Meister wird die Aufgabe betrachten und darüber nachdenken, ob er sie lösen kann. Der Teileverkäufer wird versuchen Ausreden zu finden, Werturteile zu fällen, eigene Produkte als die überlegenen anzubieten. Da er auch selbst verkauft, wird er auf jeden Fall wissen wollen, ob das Rad bei ihm erworben wurde; andernfalls hat sich der Kunde Schrott andrehen lassen und muss sich über die Folgen nicht wundern. Alle anderen bauen dort, wo es niemand sieht, Mist ein, nur ein Kauf bei ihm, nur ein Erwerb des von ihm vertretenen Markenartikels kann das verhindern.

Wenn der Kunde nach dem Spezialwerkzeug zum Ausbau des defekten Tretlagers fragt, heißt es: »Bedaure, das verleihen wir nicht, das verkaufen wir nur!«

Daher sollte man nie ein Fahrrad bei einem Händler kaufen, der ein

Schild im Schaufenster hängen hat: »Wir reparieren nur die bei uns gekauften Räder.« Er zeigt, dass er vor allem verkaufen will, und er wird auch die Kunden, die bei ihm gekauft haben, als Verkäufer bedienen. In solchen Läden werden Schläuche nicht geflickt, sondern ausgetauscht und weggeworfen, alle Teile auf Verdacht erneuert. Naive Kundschaft, die den vagen Auftrag gibt, ihr im Winter ein wenig eingerostetes Rad wieder fit zu machen, wird mit einer Schauergeschichte von Schläuchen, die platzen, wenn sie nicht jedes Jahr ausgewechselt werden, auf eine Rechnung vorbereitet, für deren Summe problemlos ein neues Rad zu haben wäre. Ich fahre Räder, bei denen seit zwanzig Jahren dieselbe Schlauchgarnitur problemlos hält. Viel schneller verschleißen, dem Licht ausgesetzt, die Decken.

Ich finde es beklagenswert, dass unsere Schulkinder kaum je lernen, wie sie einen platten Reifen flicken können und ein Fahrrad mit etwas Aufmerksamkeit betriebsbereit halten. Solche Kinder sind als erwachsene Radfahrer erleichtert, wenn ein Klappergeräusch endlich aufhört, das sie schon längere Zeit gestört hat. Dann klagen sie über ihr Pech, dass ihnen bei einer besonders dringenden Fahrt das Schutzblech in die Speichen gefallen ist und sie mit einigen Schrammen oder Schlimmerem auf der Strecke geblieben sind.

Wer im Umgang mit dem Drahtesel ein wenig Klugheit geübt hat, wird jedes kleine Symptom beachten und mit wenigen Handgriffen verhindern, dass es zu einem größeren Schaden kommt. Auch hier gilt das Wort von Macchiavelli, das er den Politikern ans Herz gelegt hat: Übel, die noch geheilt werden können, sind schwer zu erkennen; wenn aber auch der Dummkopf merkt, dass etwas im Argen liegt, dann ist es für eine Kur meist zu spät.

Fahrräder sind neben mechanischen Schreibmaschinen, elektrischen Lampen und Dübeln in der Wand eine Domäne der von jedem Bastler beherrschbaren Technik. Es gibt eine ebenso anschauliche wie witzige Anleitung, die ›Fahrradheilkunde‹ von Ulrich Herzog.

→ *Wartungsfrei, pflegeleicht*

Feuerzeug

Manchmal liest man Berichte, dass ein verirrter Wanderer in einem Wald erfroren ist. Viele Menschen stehen hilflos vor einem Haufen Holz und einem Ofen. Wo ist nur der Schalter für die Heizung? Wenn sie Urlaub in einer urigen Hütte gebucht haben, besorgen sie sich im Supermarkt »Ofenanzünder«, stinkende Stücke aus Hartspiritus, mit denen man Holz oder Kohlen »problemlos« anzünden kann.

Feuer ist ein Urelement menschlichen Lernens: Wie man es anzündet, versorgt und löscht, lehrt uns unendlich viel über Flamme, Glut und Asche. Die Fähigkeit des urtümlichen Jägers, Glut zu schaffen, indem er zwei Hölzer aneinander reibt oder ineinander bohrt, haben wir verloren. Unsere Erziehung erklärt Feuer zu einer gefährlichen Sache, für die Spezialisten zuständig sind: der Installateur, wenn die Heizung ausfällt, der Feuerwehrmann, wenn es brennt.

Das offene Holzfeuer ist so fesselnd wie ein Bildschirm, es ist grundehrlich und viel gesünder als alle Öfen, aus denen immer wieder Kopfwehgase entweichen. Es wärmt doppelt: durch die Strahlung von Flamme und Glut und durch die Körperwärme, die entsteht, wenn Holz herbeigeschafft, gesägt, gespalten werden muss, solange der Feuermacher klug genug ist, dabei auf Motorsägen und elektrisch betriebene Spaltmaschinen zu verzichten.

Wer über Land geht oder fährt, sollte also ein Feuerzeug dabeihaben; es ist neben einem Taschenmesser die wichtigste Überlebenshilfe in unserem Klima. Der Wanderer aus der Steinzeit, der im Ötztal an der Eisgrenze gefunden wurde, trug ein Feuerzeug aus Stein und Zunderschwämmen bei sich. Sein Verhängnis war, dass er oberhalb der Baumgrenze vom Schneesturm überrascht wurde; in einem Wald wäre er gewiss nicht erfroren.

Obwohl die frühesten Forschungsreisenden gerne die Kluft zwischen sich und den Primitivkulturen vertieften, indem sie behaupteten, Völker angetroffen zu haben, die das Feuer nicht kannten (vor allem in

Melanesien), haben spätere Forscher diese Verdächtigungen durchweg widerlegt.

Der dramatischen Fertigkeit des Feuermachens ging die Feuerhege voraus. In der Antike gab es in Tempeln die unauslöschlichen Feuer, die von einer eigenen Priesterkaste bewacht wurden; in Rom von den Vestalinnen, die keusch sein sollten und kein anderes Feuer kennen durften als das heilige. Dieses »ewige Feuer« gehört zu den ältesten öffentlichen Einrichtungen; es brannte bei den Ägyptern, in Griechenland, in Babylon und bei den Azteken. Bis heute leuchtet es als »ewiges Licht« vor dem Altar der katholischen Kirche; freilich käme niemand auf den Gedanken, sich mithilfe dieser Einrichtung das eigene Feuermachen zu ersparen.

Ein Feuer am Brennen zu halten ist eine elementare Form der Fürsorge, aus der wir unendlich viel über ökonomisches Vorgehen, die Einschätzung von Risiken und die komplexe Interaktion zwischen Verschwendung und Geiz lernen können.

So viel wie nötig, so wenig wie möglich – das ist ein Grundgesetz guter Beziehungen: Wenn ich nicht mehr Opfer bringe als nötig und so viel an Autonomie behalte wie möglich, erfülle ich mir und dem anderen zwar keine Liebesträume, aber ich kann meinen Alltag gut bewältigen und so eine Grundlage schaffen, auf der dann – wenn ich es denn wünsche – auch ein großes Feuer entfacht werden kann. Wer sich hingegen im Alltag verausgabt und immer gleich alles Holz aufs Feuer wirft, der hat nichts mehr zuzulegen, wenn er es braucht.

So gesehen, ist das Feuerzeug ein dummes Ding: Es nimmt der Sorge um das Feuer, das einmal brennt und dessen Pflege der Pflege des Lebensfeuers so sehr gleicht, die dramatische Qualität. Das Feuer kann eingeschaltet werden, daher darf man es auch ausknipsen – der menschliche Dünkel, über das Leben verfügen zu können, wird durch das Feuerzeug bestätigt und gereizt.

Die Menschen machen Feuer, seit sie Steinwerkzeuge benutzen, die man gar nicht anfertigen kann, ohne den Funken zu begegnen, die beim Absplittern von Flint entstehen – und seit sie die Wärme kennen, die durch die Reibung von Stein oder Holz beim Schleifen von Werkstücken geschaffen wird. Diese Prinzipien bestimmen alle archaischen

Feuerzeuge – als Drittes kommt Geschicklichkeit hinzu. Der polynesische Gewährsmann von Charles Darwin machte auf Tahiti in wenigen Sekunden Feuer; dann gab er sein Feuerzeug dem Forscher, der sich zwei Stunden damit abmühte, ehe er eine Flamme zustande brachte.

So sind die urtümlichen Feuerzeuge sehr viel klügere Dinge als das, was Raucher heute in der Tasche tragen und worauf sie nur einen Gedanken verschwenden, wenn es nicht funktioniert. Die Feuerhölzer der paläolithischen Kulturen werden aneinander gerieben, mit den Händen oder mit einer Bogenseite gedreht, manchmal wird auch noch der Bohrer durch ein Mundstück festgehalten und in das Bohrloch gedrückt. Das Streichholzprinzip haben die Aleuten vorweggenommen, die zwei raue Steine aneinander reiben, von denen einer mit Schwefel präpariert ist; die Eskimos verwenden Pyrit und Quarz, in China werden zwei Bambusstücke aneinander gerieben – Bambus enthält Kieselsäure wie Quarz und Feuerstein.

Die dümmsten Werkzeuge beherrschen heute unseren Umgang mit dem Feuer: Gasfeuerzeug und Zündholz. Sie sind wirksam und billig; die Produktstruktur zwingt dem ökonomisch Denkenden hier die Dummheit geradezu auf. Denn die Geräte, die der Magie des Feuermachens näher sind als die Benzinfeuerzeuge vom Typ des Zippo oder des billigeren, aber ebenso guten österreichischen Benzin-Sturmfeuerzeuges sind längst nicht so verlässlich und schnell wie ein Zündholz.

Im Sonnenlicht ist ein Brennglas die eleganteste Lösung: Es ist wirksam und kostet, einmal gekauft, gar nichts mehr. Mit jedem Stück Zeitungspapier kann man ein Feuer machen, vorausgesetzt, die Sammellinse hat einen Durchmesser von acht Zentimeter oder mehr. Aber unserem Wanderer im Schneesturm hilft sie nur die schönen Formen der Kristalle zu studieren.

In den USA gibt es für Pfadfinder und Trapper einen Feuerstarter aus einem Magnesiumblock und einem Feuerstahl, ein vorzügliches Notbesteck, wenn man ein Taschenmesser mitgenommen hat, mit dessen Hilfe man feine Magnesiumspäne abschabt, die sich leicht entzünden, sobald ein Funke auf sie fällt. Bei Expeditionsausrüstern kann man Spezialstreichhölzer kaufen, die sogar unter Wasser anbrennen.

Eine hohe Zeit der Benzinfeuerzeuge sind immer die Kriege. Im

Vietnamkrieg erlebte das Zippo-Feuerzeug seine Renaissance; um viel Geld werden in asiatischen Basaren die gravierten Exemplare verkauft, mit deren Herstellung sich gelangweilte GIs die Zeit vertrieben. In den Weltkriegen wurden aus Patronenhülsen, Aluminiumrohren, aus allen möglichen Rohlingen und Halbfertigteilen Benzinfeuerzeuge gemacht. Benzin gab es überall, Watte auch; das Röhrchen für den Feuerstein und das scharfkantige Rad, um Funken zu erzeugen, ließen sich leicht in ein Gehäuse einbauen.

Viele dieser Feuerzeuge, die man heute noch gelegentlich auf Flohmärkten findet, sind so groß dimensioniert, dass man sie auch als Benzinlampe benutzen konnte: Sie fassten ein Volumen von einem achtel Liter Benzin. Die Flamme rußt, aber in einem finsteren Unterstand ist man um jedes Licht dankbar, zumal sich diese Lampe auch mit einem Daumenstreich anzünden lässt, vorausgesetzt, der Docht ist in Ordnung und der Feuerstein nicht von ausgetretenem Benzin benetzt.

In der Nachkriegszeit waren die flachen Schnappfeuerzeuge beliebt, mit denen man sich nicht mehr den Daumen aufreißen konnte. Sie sagten genau dasselbe über Feuerstein, Docht und Brennmaterial wie ihre primitiveren Ahnen, vermittelten aber auch Botschaften über Sperrklinken und Hebelwirkungen. Die Einwegfeuerzeuge sind ein Rückschritt; das Originellste, was man mit ihnen anstellen kann, ist neben der Glühwürmchen-Funktion bei Popkonzerten ihre Verwendung als Gasanzünder, wenn die Füllung leer ist und der Gasherd noch auf die eingebauten Piezozünder verzichtet.

Streichhölzer waren ursprünglich ein Teil des komplizierten »Feuerzeuges« mit Stein, Stahl, Zunder und Schwefelholz (Spunk, das heißt trockenen Spänen, die in Schwefel getaucht worden waren). Mit Feuerstein (Flint) und Stahl wurden Funken erzeugt, winzige, glühende Partikel, die in der Zunderschachtel auf angekohlte Fragmente von Baumwolle und Leinen fielen. Diese begannen zu glimmen, ihre Hitze reichte aus, das Schwefelholz zu entzünden. Bereits 1833 ist in Wien die Streichholzfabrik von J. Preschel dokumentiert. Ungefähr zeitgleich wurden Streichhölzer mit Köpfen aus Phosphor auch an anderen europäischen Orten verkauft, so in Darmstadt von F. Moldenhauer.

Die Phosphorhölzer hatten den Nachteil, dass sie ein tödliches Gift enthielten. Streichholzköpfe wurden ein Thema früher Kriminalromane, Selbstmörder verwendeten sie und Arbeiter in den Streichholzfabriken litten unter Vergiftungen.

Daher wurden seit der Wende zum 20. Jahrhundert in immer mehr Ländern die giftigen Phosphorhölzer verboten. Die Produzenten ersetzten den gefährlichen weißen Phosphor durch das unschädliche Phosphorsulfid (für die in Spanien und Italien üblichen Streichhölzer, die sich an jeder rauen Oberfläche anreißen lassen). In Deutschland setzten sich die Sicherheitsstreichhölzer durch, die völlig ohne Phosphor auskommen. Die Köpfe werden mit einer Mischung aus Natriumchlorat, Bleiverbindungen und Antimonsulfid versehen; die Streichfläche enthält amorphen Phosphor und Antimonsulfid. Träger sind meist Späne aus Pappelholz, aber auch Wachspapier bei den italienischen Cerini, die in England Vestas hießen; dort gab es lange Zeit auch die so genannten Vesuvians, die große ovale Köpfe an runden Hölzern trugen und beim Anstreichen nicht entflammt wurden, sondern nur glühten.

Fitness

Unser Körper ist für ein Leben als Sammler und Jäger konstruiert, angelegt darauf, dass Bewegungen einen Sinn haben. Vielleicht wurzelt darin die unlösbare Frage nach dem »Sinn des Lebens«. Wenn Wurzeln geerntet werden, ein Bienennest entdeckt, eine Beute erlegt wird, müssen alle körperlichen und mentalen Kräfte zusammenwirken. Dann gibt es lange Phasen der Suche. Sie umfasst das Vertraute sowie das Neue. Wir entdecken das Neue dadurch, dass wir es mit dem Vertrauten vergleichen. Dadurch gewinnt jede Suche erst ihre Orientierungen; vorher ist sie ziellos und in der Regel weniger wirkungsvoll.

Wenn ich regelmäßig in einen Wald gehe, um Pilze zu sammeln, brauche ich anfangs viel Zeit und ernte wenig. Ich kenne den Wald noch nicht, finde keine bequemen Pfade, habe keinen Plan in mir, weiß um keine Fundplätze. Im Lauf von vielen Sammelzügen gewinnt mein Revier eine Struktur. Ich trage einen Plan in mir, der viel Zeit spart, weil ich nicht mehr überall mit gleicher Intensität suche, sondern an den bekannten guten Stellen intensiver und an den wenig lohnenden nur flüchtig. Ich kenne bequeme Wege, wo das Gelände offen und der Überblick gut ist. Vor diesem Vertrauten, das ich suche, hebt sich das Neue, das ich finden will, deutlicher ab.

Wachsam durch die Welt zu wandern ist eine Grundbeschäftigung des Menschen – nicht vor einem Bildschirm zu sitzen und die Welt wegzuzappen, wenn sie nicht schön genug ist.

Wo diese harmonische Übung von Körper und Geist verloren geht, werden dumme Dinge erfunden, um den Verlust auszugleichen. So vermarktet man beispielsweise eine komplizierte Maschine, welche dazu dient, die verlorene Wanderung durch die Welt mithilfe eines elektrisch betriebenen Laufbands wiederherzustellen. Von dort blickt der Wanderer, der sein Schwitzen regulieren kann, auf eine Digitaluhr, welche ihm sagt, ob er genug geschwitzt hat. Etwas Neues finden wird er auf diesem Gerät nie, aber er kann es immerhin vor dem Fernseher aufstellen.

Der leitende Angestellte fährt aus seinem klimatisierten Büro mit dem Aufzug in die Tiefgarage, besteigt dort sein übermotorisiertes Fahrzeug und geht an seinem Feierabend in den Fitnessraum, den er sich in seinem Bungalow in der grünen Vorstadt installieren ließ. Oder er geht nicht dorthin – die Geräte stehen still, er hat heute keine Lust, schon zu viel Stress gehabt, ein Bier vorm Fernseher ist viel gemütlicher.

Ich würde gerne einmal erforschen, wie viele der zahllosen in der Werbung von waschbrettbäuchigen Athleten angepriesenen Geräte (Gummiseile und etwas Plastik, Materialwert zehn Euro, für zweihundert Euro) unbenutzt in einem Winkel verstauben, weil die Übungsdisziplin nicht mitgeliefert werden kann. Wer die hat, der kann durch Waldlauf, Kniebeugen und Liegestützen seine Figur aufs Schönste shapen. Wem sie fehlt, dem helfen auch keine Hometrainer; besser ist da schon eine Gruppe, die jeden Einzelnen bei der Stange hält.

Wenn dann der Arzt wegen hohen Blutdrucks und Fettansatzes zu »mehr Bewegung« rät, wenn der Blick in den Ganzkörperspiegel Verzweiflung weckt, liegt der Erwerb einer der Wundermaschinen nahe, die in kürzester Zeit und hochbequem den Körper zu stählen versprechen. Wer eine dieser Maschinen erwerben will, dem sei der Gang auf den Flohmarkt dringend empfohlen. Selbst auf dem kleinsten finden sich einige der Bauchwegtrimmer, der Stehfahrräder, der Hanteln und sonstigen Utensilien, mit denen wir sportlich nachholen sollen, was uns vorher Servomotoren abgenommen haben.

Maschinen, die nichts anders können, als die eine oder andere Muskelgruppe zu erhitzen und dadurch die Produktion von mehr Muskelfasern anzuregen, sind eine Beleidigung der menschlichen Intelligenz. Ich habe einmal vorgeschlagen, doch an all die Trimmräder und Gewichtsmaschinen Dynamos anzuschließen; dann hätte die körperliche Übung wenigstens noch den Sinn, nutzbare Energie zu gewinnen; Fitnesszentren könnten ihren eigenen Strom produzieren. Noch klüger wären Geräte, die einen direkten Kraftschluss herstellen – beispielsweise Fernseher, Videorekorder oder Computer, die nur funktionieren, wenn man kräftig in die Pedale tritt.

Das gesunde Leben wird zum Additiv wie Vitamine im Dosengemüse. Es wird erst ausgetrieben und dann mit großem Aufwand und geringem Erfolg rekonstruiert. Wir leben länger als die Menschen der Steinzeit, weil Kälte und Hunger gefährlicher sind als Klimaanlagen und Übergewicht. Aber wir könnten noch weit länger und vor allem mit höherer Qualität leben, wenn wir mit unseren technischen Möglichkeiten vernünftiger umzugehen lernen und nicht mehr blindlings jede Anstrengung bekämpfen, weil sie uns an eine Zeit erinnert, in der wir *nur* im Schweiß unseres Angesichtes genügend Brot essen konnten.

Vor allem ist die sinnliche Verbindung von Bewegung und Lebensunterhalt abgerissen – wir arbeiten im Sitzen und sind dann zu erschöpft, um uns zu bewegen. Bewegungsmangel ist aber der Anfang aller »Zivilisationskrankheiten«. Ärztliche Appelle oder Ratschläge in Gesundheitszeitschriften sind wenig hilfreich; besser wären Verkehrssysteme, in denen die körperliche Übung wieder ihren Platz hat, Humanomobile statt motorbetriebener Fahrzeuge, Grünbahnen, um auf angenehme Weise von einem Ort zum anderen zu kommen. Nicht der Radweg soll der Autostraße abgetrotzt werden, sondern die Autostraße braucht eine Zulassung, die so streng gehandhabt wird wie die von Maschinenpistolen.

G

Grünes Holz

In wenigen Generationen gehen Fertigkeiten verloren, deren Weisheit wir heute, angesichts der Energie- und Rohstoffkrisen, allmählich wiedererkennen. Eine davon ist die Arbeit mit frischem Holz, die früher für das bäuerliche Handwerk und die herumziehenden Stuhlmacher selbstverständlich war. Grünes Holz ist nicht nur leichter zu haben als abgelagertes, es ist auch erheblich leichter zu bearbeiten, weil es mehr Wasser enthält, weicher ist und die Fasern sich besser trennen (daher sollte jeder, der Holz spalten will, es möglichst früh tun).

Seit ich ein wenig in der neuen Literatur über »Green Woodwork«[15] gelesen habe, fand ich eine ganze Reihe von Erinnerungen, die zeigen, dass die dort beschriebenen Künste auch in Bayern und in der Toskana früher zum Repertoire der ländlichen Handwerkskunst gehörten, die mit einfachen Mitteln, ohne Energieverschwendung und teure Rohstoffe, schöne Dinge herstellte. Ich habe herausgefunden, dass auch die Fachwerkhäuser, von denen viele schon über hundert Jahre stehen, aus frisch gefälltem Holz gebaut wurden.

Die Arbeit mit grünem oder, wie es andere Holzbastler nennen, »wildem« Holz entfaltet die Schule der Kreativität, die jedes Stück Wald enthält, wenn wir ihm aufmerksam und mit einigen Werkzeugen von hoher Qualität begegnen. In der traditionellen Holzarbeit war es selbstverständlich, natürliche Krümmungen von Bäumen auszunützen; für den Spazierstock bis zur Schiffsrippe. Wer den lebenden Baum noch gesehen hat, der weiß auch bald, wie sich unterschiedliche Hölzer bearbeiten lassen. Und dann findet er leichter, was er gerade braucht.

Afrikanische Alltagsschnitzkunst ist ein schönes Beispiel für diesen

---

[15] Mike Abbott: Green Woodwork. Working with Wood the Natural Way. Lewes 1989.

Stil, den manche »opportunistisch« nennen, obwohl er eher elegant und ökonomisch ist. Es geht darum, das fehlende Stück Hausrat – etwa eine Kopfstütze, einen Schemel, eine Ahnenfigur – im Wald zu »sehen«, um es dann mit möglichst wenig zusätzlichem Aufwand in den benötigten Gebrauchsgegenstand zu verwandeln.

Auf einem in Tischhöhe gekappten Baumstumpf im Hauswald ist ein Schraubstock mit zwei kräftigen Holzschrauben befestigt. Er dient als Halt für alle Schnitz- und Bildhauerarbeiten. Daneben stehen Sägebock und Hackstock. Ausgangsmaterial sind frisch gefällte, schenkeldicke Stämme von Kastanie und Ahorn, die es beide in großen Mengen gibt. Ich säge sie passend, spalte sie, behaue sie mit dem Pennato (dem krummen Haumesser) und bringe sie mit dem Ziehmesser in die benötigte Form. Feinarbeit erfolgt am Abend vor dem Kamin mit einem scharfen Taschenmesser oder einem Schnitzmesser. Die Produkte sind kleine und große Schalen, Löffel, Salatbestecke, Spatel für Pfannen, Holzleuchter, Werkzeugstiele und Ersatzteile.

In der Zeit, die ich in München brauche, um einen neuen Hammerstiel zu kaufen, habe ich hier selbst einen gemacht. Das Holz der Edelkastanie, das sich willig entlang der Faser spaltet und beim Trocknen wenig schwindet, ist ein ideales Material für solche Bastelzimmerei. Es gibt kaum eine befriedigendere Arbeit, als im Juni einen passenden Kastanienstamm[16] auszusuchen, der wipfeldürr ist oder anderen, besseren im Wege steht, ihn zu fällen, zu schälen und zu irgendwelchen nützlichen oder schönen Dingen zu verarbeiten. Dieser Duft! Die Rinde lässt sich in großen Bahnen vom nackten Stamm lösen. Man kann sie als Schutz gegen Unkraut unter die Rosen legen oder Stuhlsitze und Körbe aus ihr flechten.

Grünholzarbeit ist deshalb so lehrreich, weil sie den Schnitzer, Bildhauer, Schreiner oder Zimmermann mit dem lebenden Baum verbindet. Wer selbst in den Wald geht und sich das Holz für die benötigte

---

[16] Der toskanische Kastanienwald ist ursprünglich Niederwald, besteht also aus Stockausschlägen, die alle zehn Jahre »geerntet« wurden. Durch den Verfall der bäuerlichen Kultur und die Industrialisierung der Landwirtschaft sind die hölzernen Rebpfosten durch Zementpfosten ersetzt worden. So wird der Niederwald nicht mehr genutzt, er überaltert. In diesem Zustand befindet er sich jetzt.

Arbeit dort aussucht, entwickelt eine ganz andere Beziehung zu seinem Material als der Bastler, der mit Spanplatten aus dem Baumarkt arbeitet. Er erhascht einen Zipfel vom alten Handwerk, für das diese Übung noch selbstverständlich war – von den Rechenmachern, Stuhlmachern, Drechslern und Wagnern zu den Zimmerleuten und Schreinern und den Bauern, die einen Axtstiel oder ein Gatter brauchten.

In ›Nachsommer‹ beschreibt Stifter die pädagogische Verwertung der Grünholzkunst: eine Sammlung von Holzklötzen, teils poliert, um die Maserung zu erkennen, teils mit Rinde versehen, teils sägerau oder mit der Axt behauen, innen hohl, mit einem Pfropfen verschlossen. In der Höhlung dann getrocknete Blätter, Blüten und Früchte des Baums, von dem das Holz genommen wurde.

→ *Stühle*, → *Rustikal*

H

Hammer und Sichel

Der Hammer stand zu Marx' Zeit wahrscheinlich für die imponierendste Form früher industrieller Architektur: genietete Stahlträger, aus denen unter anderem der Eiffelturm und viele Eisenbahnbrücken gebaut wurden. Er ist älter als die Sichel; es gab ihn schon in der Altsteinzeit, nicht erst seit der Erfindung des Ackerbaus im Neolithikum. Er war damals wohl mehr ein Prestigeobjekt als ein Werkzeug, denn viele Steinhämmer tragen keine Spuren einer Benutzung, ebenso wenig ihre Vorgänger, die so genannten Faustkeile, über deren Verwendung wir nichts wissen.

Der Hammer hat sich aus der Keule entwickelt, die vielleicht das älteste Werkzeug überhaupt ist: Schimpansen vertreiben Leoparden mit Holzprügeln. Als unsere gemeinsamen Vorfahren den typischen Schritt vom Zufallswerkzeug zum festgehaltenen, »wiedererkannten« Werkzeug machten, haben sie sicher bald herausgefunden, dass der Schlag mit einem Stock wirksamer wurde, wenn dieser vorne schwerer war als hinten am Griff. Die frühen Hämmer sind mehr Waffe als Werkzeug: die Keule, mit der Herkules kämpft, Mjölnir, den Thor gegen die Riesen schwang, die Streitkolben, mit denen sich die Ritter Beulen in die Helme klopften.

Bis heute ist der Hammer ein kluges Ding geblieben, denn er lehrt uns elementare Zusammenhänge von Schwung, Kraft und Wirkung, wie jeder erlebt, der versucht einen Nagel in hartes Holz oder in eine Ziegelmauer zu schlagen. Kluge Leute tun solche Arbeiten nicht ohne Schutzbrille; seit ich einmal meine Tochter, die mithilfe eines Hammers eine Kiste zerkleinert hatte, mit einem in die Hornhaut des Auges gespießten Metallsplitter in die Augenklinik brachte, habe ich noch mehr Achtung vor der Gewalt des Hammers.

Hammer und Amboss sind die Werkzeuge, mit denen der Schmied die schönsten Dinge schaffen kann. Was aussieht wie geschmiedetes Eisen, ist heute freilich oft maschinell fabriziert. »Elektrisch geschweißt, hat nie einen Hammer gesehen«, so sagte mir, traurig über den Verfall seiner Kunst, einst ein französischer Schmied angesichts der in der Provence so beliebten, geschwungenen Fenstergitter und Gartentore aus Eisen.

Sehr alt ist auch die Sichel, aber sie wurde nicht vom Wildbeuter geschwungen, sondern zuerst von den Frauen, die während der Jungsteinzeit die Landwirtschaft entdeckten. Überall gehen Sichelfunde mit den ersten Spuren von Getreide zusammen – es gibt Sicheln aus Stein, aus Bronze, schließlich aus Eisen. Ein grundlegender Unterschied von Sicheln, den schon Plinius beschreibt, ist der zwischen Zug- und Hausicheln. Die ersten tragen feine Zähne, deren Spitzen zum Griff weisen. Sie sind schmal und leicht, die Arbeiterin erfasst mit einer Hand die Halme und zieht mit der anderen die Sichel auf sich zu. So lässt sich der Schnitt gut kontrollieren und das abgeerntete Bündel zum Transport bereitlegen.

Schneller, aber auch unordentlicher arbeiten die Hausicheln, aus denen sich die Sense entwickelt hat. Sie nutzen den Schwung, und Schwung kann, wie jeder erfährt, der mit Hammer und Sichel arbeitet, geradeso gut danebengehen wie die Wirkung steigern. Hausicheln sind breiter, sie tragen keine Zähne und werden, ebenso wie die Sense, gewetzt und gedengelt.

Die Sense erlaubt es, den Schwung noch besser zu nutzen und ohne die gebeugte Haltung auszukommen, die eine Sichel immer dann erzwingt, wenn man Halme dicht am Boden ernten will. Ich habe die Kultur der Sense noch persönlich erlebt: Auf dem Bauernhof meines Großvaters wurde in den fünfziger Jahren noch mit der Sense gemäht. Leider zogen wir in die Stadt, als ich auf das Gymnasium kam, die Großeltern starben und die kostbaren Sensen wurden wahrscheinlich weggeworfen, als der Hof verkauft wurde. Junge Bauern können oft nicht mehr mit der Sense mähen; sie schieben einen Benzinrasenmäher über ihren Vorgarten, weil der Kreiselmäher am Schlepper dafür zu groß ist.

Als ich später einen großen Obstgarten zu versorgen hatte und mir eine Sense kaufte, verzweifelte ich mit dem ungeschickten Ding, das immer in den Boden fuhr und die Grashalme eher umknickte als abschnitt – wirklich gut mähen ließen sich nur die jungen Brennnesseln und andere Schattenkräuter. Ein alter Nachbar zeigte mir dann, wie man die Sense richtig einstellt, und riet mir dringend, den modernen, geschwungenen Metallsensenbaum durch einen hölzernen zu ersetzen. Schließlich fand ich in einem Winkel noch eine uralte, dünn gewetzte Sense, die durch das Gras fuhr wie der Blitz. Sie war viel kleiner und leichter als die Importware aus dem Baumarkt, »mähfertig gedengelt«, von einer Verschwörung der Rasenmäherindustrie inspiriert.

Wer sich mit schlechten Werkzeugen plagt, verwechselt die Mühe durch ihre Unhandlichkeit mit der Mühe, die das Mähen mit einer guten Sense macht. Sie ist größer als die Mühe, mit einem Balkenmäher durch das hohe Gras zu ziehen, aber sie ist ungleich intelligenter und reizvoller. Wer mit der Hilfe eines Motors mäht, verliert den Kontakt zur Wiese. Er hängt an einem ratternden, stinkenden, gefährlichen Ding, entweder durch Ohrenschützer isoliert oder durch ihren Mangel betäubt, er muss sich in allem, was er tut, an der Maschine orientieren, und kann nur hoffen, bald fertig zu sein. Schneller geht es in der Tat. Das liegt weniger an der absoluten Geschwindigkeit – auch eine gute Sense schafft einiges weg – als an der Ausdauer. Die Maschine muss nur gelenkt werden, das ermüdet wenig, die Pausen werden von ihr diktiert: nachtanken, den Luftfilter, den Mähbalken säubern.

Beim Mähen mit der Sense stellt sich ein Rhythmus von Arbeit und Ruhe her, der ohne Anstrengung sein kann, wenn der Mäher Zeit hat und ihn niemand hetzt. Der Fluch der Landarbeit, der jeden Bauern so sehr zu den Maschinen treibt und den ich als Kind noch spüren konnte, ist der Ehrgeiz, der Leistungsdruck, der Zwang, über die körperliche Erschöpfung hinauszuarbeiten und die Schmerzgrenze, die uns vor dem Verschleiß des Bewegungsapparates warnt, nicht zu respektieren. Wer körperlich nur so arbeiten kann, für den ist die Maschine Erlösung. Wer aber Muße hat, ist dumm, seine Wiese anders zu mähen als mit der Sense. Mit ihr lernt er das Zusammenspiel von Schwung und Erfolg immer besser, erfährt, wie weit er ausholen, wie tief er mit der Spitze in das stehende Gras eindringen muss oder darf, um mit möglichst wenig Mühe voranzukommen. Wenn er Atem schöpfen will, holt er den Wetzstein aus dem Kumpf und streicht die Sense damit, dass sie klingt.

Abends vor der Getreideernte hat mein Großvater immer gedengelt. Rittlings saß er über dem kleinen Amboss auf einem Holzbock aus einer geschälten Pappel, spuckte immer wieder auf die Sense und klopfte die so befeuchtete Schneide mit dem Dengelhammer flach. Er liebte es, mithilfe seiner Körperflüssigkeiten die Sense zu schärfen; wenn der Wetzstein im Kumpf trocken war, half er sich mit seinem Urin und nahm gleichmütig hin, dass die Großmutter ihn eine »Sau« schalt.

Hammer und Sichel zeigen ihre enge Verbindung beim Dengeln. Jetzt schlägt der Hammer auf die Schneide der Sichel, gleicht Scharten aus, schafft dem Wetzstein Raum. Lange Zeit wird eine neue Sense mit jedem Dengeln besser, gewinnt an Schärfe, an Leichtigkeit. Irgendwann – ich glaube nicht, dass ich es erleben werde mit dem bisschen Gras, das ich mähen muss – ist sie so abgenützt, dass sie nicht mehr gedengelt werden kann, wenn sie nicht schon vorher gebrochen ist, weil sie zu viel Substanz verloren hat. Die kieselsäurehaltigen, harten Getreidehalme setzen ihr viel größeren Widerstand entgegen als die weichen Kräuter und Gräser einer Wiese.

Die Sense mäht nasses Gras geradeso gern, ja lieber als trockenes – in unserem Klima ein schätzbarer Vorteil. Sie braucht wenig Pflege, während der Motormäher jährlich gewartet und alle paar Jahre repariert werden muss. Sie ist lautlos, was die Nachbarn freut, und schneidet spannenhohes Gras so gut wie hüfthohes, was kein Rasenmäher kann. Sie verbindet Wiesenpflege mit Gymnastik und lehrt uns mehr über Bewegungsabläufe als zwanzig Stunden Feldenkrais-Übungen.

Die Motorsense ist längst nicht so klug wie die Sense. Sie lehrt uns das, was alle Geräte mit pflegebedürftigen Benzinmotoren lehren: Das Zusammenspiel von Zündung und Vergaser muss stimmen, sonst läuft nichts; für Schmierung muss gesorgt werden, sonst läuft nichts lange. Sie lärmt in unsere Ohren und frisst die Zeit, die sie uns durch ihre Kraft schenkt, durch ihre Wartung wieder weg. Aber sie ist einfach zu bedienen, man muss sie nur irgendwo hinhalten, den Rest erledigt das Messer oder der kreisende Nylonfaden. Wer es noch ein wenig bequemer haben will, soll sich einen Aufsitzmäher mit elektrischem Anlasser kaufen. Dann muss er gar nicht mehr darüber nachdenken, ob er in die Arbeit oder in seinen Rasen fährt.

Handarbeit

Die freiwillige, selbst gesteuerte, die von wohlmeinenden und kundigen Eltern dem Kind auferlegte Handarbeit ist ein unverzichtbares Mittel, unseren Kontakt mit der Wirklichkeit zu verbessern, unsere Triebenergie in konstruktive Bahnen zu lenken und unsere Persönlichkeit zu entwickeln. Es gehört schon viel Kurzsichtigkeit dazu, die Handarbeit so zu verteufeln, wie es Michael Winter[17] einst in der ›Süddeutschen Zeitung‹ tat. Dieser Autor übersieht den Zusammenhang zwischen erzwungener, blinder Schinderei und ebenso blindem Komfortstreben. Beide sind gleich verdummend. Er schert alle Handarbeit über einen Kamm, alles an ihr sei dumm und schwitzend, während doch in Wahrheit nur seine Betrachtungsweise völlig ungeeignet ist, die Realität der Sache zu fassen. Er nennt es eine »prometheische Lüge«, dass der Mensch dazu da sei, im Schweiß seines Angesichts etwas herzustellen, eine Illusion, die er mit Bildern garniert wie ».. . mit dem Faustkeil in der Hand Gebirge zerhieben, mit Handwerkerstolz den Blasebalg traten, sich die Füße in Mühlrädern wund liefen, im Staub der Webstühle erstickten und schließlich am Fließband den Verstand verloren«.

Niemand wird das Ende einer Welt entfremdeter Arbeit beklagen, in der Menschen Anhängsel von Maschinen sind. Aber die Gleichsetzung aller Formen von Handarbeit ist nicht nur töricht, sondern auch gefährlich. Sie übersieht, dass der Mensch ein gewisses Maß an körperlicher Anstrengung braucht, um gesund zu bleiben. Sie beachtet nicht, dass für den Künstler der Widerstand der Materie ein ganz wesentlicher Anstoß für Kreativität ist. Winter preist einen »menschheitsgeschichtlich bedeutsamen Schritt«, der vom Homo faber, den er falsch mit »Handwerker« übersetzt, zum Homo spiritualis führt, dem »Kopfwerker«.

---

[17] M. Winter: Fleiß ohne Schweiß. Vom nahen Ende der Handarbeitswelt – und den schönen Folgen. In: Süddeutsche Zeitung, 9./10. Mai 1998, S. 17.

Wer solcher Art den Verlust des Handwerks in einen Gewinn um-
lügt, übersieht nicht nur, wie hässlich die meisten Ex-und-hopp-Pro-
dukte der Automatisierungen sind. Er leugnet auch, dass Handarbeit
ein potenzieller Segen ist, der dem bildschirmabhängigen Kopfwerker
wohl tun kann.

Handarbeit ist es, die im guten Fall Körper und Geist erfüllt und
befriedigt – zumindest der Wechsel von Hand- und Kopfarbeit, bei
dem die Kopfarbeit Ausruhen von der körperlichen Belastung bietet,
die Handarbeit Regeneration der einseitigen Konzentration und das
menschliche Lebenselixier der Bewegung. Das Leben eines Primaten
besteht aus Bewegung. Wir sind nicht zum Sitzen geboren, sondern
zur Tätigkeit, zum Sammeln und Jagen, zum Basteln und Probieren.

Haus

Die meisten Häuser gleichen den durchschnittlichen Autos darin, dass sie immer dümmer werden. Ihre Heizanlagen erwecken beim Betreten des Steuerraums den Eindruck, man sei auf die Brücke eines Ozeandampfers geraten. Wenn es hereinregnet, ist der Besitzer machtlos, weil die Dachhaut so kompliziert ist, dass er ihren Aufbau nicht durchschaut und deshalb nicht reparieren kann. Wenn irgendwo Schimmel entsteht, müssen Experten zugezogen werden, um die Ursache zu finden. Dafür ist das Ganze sehr teuer, verspricht sehr viel Perfektion und soll sogar gemütlich sein, wenn im offenen Kamin die Birkenscheite brennen.

Auch die Häuser haben ihren Überwachungsverein: die Baubehörden. Merkwürdig, dass die meisten Menschen Dörfer, Marktplätze, Bauernhäuser im Jemen, in der Toskana oder in Andalusien so viel schöner finden als alles, was unter der Bauaufsicht entstand und entsteht. Diese Behörden sind Kreativitätsblockaden, Durchschnittsgaranten, Monotonisierer. Am einfachsten hat es der, der genauso dumm wie sein Nachbar baut. Wer sich an die Regeln hält, dem wird die Originalität nicht verboten. Aber sie wird auch nicht begrüßt, und das ist schlimm genug.

Vor allem wird dem Bastler, der gerne ein Haus nach seinem Geschmack in Handarbeit machen möchte, seine Arbeit durch das ganze System immens erschwert. Er muss nach den Vorschriften der Behörde viele Formulare ausfüllen und Pläne liefern, die der Bauindustrie mit ihren genormten Materialien zuarbeiten. So kann in Deutschland nirgends das wunderschöne, handgemachte Haus entstehen, das im toleranten Kalifornien aus Abbruchholz, Zedernschindeln, ausgedienten Schaufensterscheiben gezimmert wird. Es gibt auch nicht die Häuser aus Heuballen, Autoreifen, Autofensterscheiben, altem Blech und Abbruchmaterial, die Samuel Mockbee mit seinen Studenten im bettelarmen Arkansas baut.

Es gibt in den armen Ländern, die sich solche Behörden nicht leisten können, eine grandiose Bastelkultur des Bauens, die sehr viel Erfindungsreichtum freisetzt. Mockbee ist einer der Ersten, der diese Kultur nicht von oben herab betrachtet, sondern pädagogisch verwertet: Seine Studenten bauen sich auf dem Campus ihre eigenen Unterkünfte aus den Balken eingestürzter Holzbrücken, aus laminierter Pappe, altem Blech und ausgedienten Fenstern. Sie schweißen alte Nummernschilder zu ganzen Blechdächern und weben die Lichtfront eines Gemeindezentrums aus siebzig Seitenfenstern von Ford-Modellen, die sie auf Autofriedhöfen einsammeln. Wer mit solchen Projekten sein Diplom in Architektur macht, wird sicher später anders mit Bauaufträgen umgehen als ein Bauingenieur, der zum verlängerten Arm der Zement-, Ziegel- und Isolierstoffindustrie herangebildet wurde.

An der Straße von San'aa nach Sadah im Norden des Jemen fährt der Reisende nicht nur an den schönsten Lehmhäusern vorbei, deren Bautechnik mit den gestampften Wülsten und den gegen das Regenwasser nach oben gewölbten Ecken sich in Jahrhunderten entwickelt hat. Er kann auch ein Wunderwerk des Recyclings studieren: einen Wasserturm, der aus den Starrachsen von geländetauglichen Autos geschweißt ist, höchst grazil durch die runden Aussparungen in der Mitte jeder Achse, in der früher das Differenzial saß.

Herde und Feuerstellen

Das Feuer ist die älteste Kunst des Menschen. Es nicht zu fürchten, sondern zu suchen und zu pflegen unterscheidet ihn von den anderen Primaten. Es ist auch eines der klügsten Dinge.

Meine bäuerliche Großmutter machte jeden Tag dreimal ein Feuer in dem großen Küchenherd. Abgesehen von einem Streichholz und einem Fetzen des ›Altöttinger Liebfrauenboten‹, den ich – in Vierecke geschnitten – auch vom »Häusl«, dem Plumpsklo, her kannte, brauchte sie nichts, was sie nicht selbst gemacht hatte.

Das Holz für die kurzen, heißen Kochfeuer kam aus dem Auwald. Äste und Zweige, die heute als Abfall verfaulen, wurden mit einem breiten, flachen Beil, wie es auch Metzger haben, in anderthalb Spannen lange Stücke geschnitten, mit einem Weidenzweig fest zusammengeschnürt und dann zum Trocknen aufgeschichtet. Auf dem Dachboden der Werkstatt lagen immer große Mengen dieser Wiedbündel. Sie brannten willig; das Teewasser wurde so schnell warm wie auf einem Gaskocher. Die Oma nahm immer einige Ringe aus dem Herd und hing den Topf direkt in die Flammen. Im Winter, wenn die Küche als einziger Raum geheizt wurde, kamen stärkere Scheite dazu, ebenso beim Dreschen, wenn auf demselben Ofen große Mengen Schmalznudeln in einem schwarzen Topf voll zerlassener Butter schwammen.

Wenn wir heute arbeiten, um die Rechnungen der Stadtwerke für Strom, Gas und Wasser zu bezahlen, können wir keinen sinnlichen Zusammenhang zwischen unserer Arbeit und der Wärme herstellen, mit der wir uns vor dem Frost schützen und unsere Speisen kochen. Damit verlieren wir aber auch die entscheidende Möglichkeit zu lernen, was wir schließlich in großer Selbstdisziplin wieder erwerben sollten: das Bewusstsein über die Endlichkeit von Energiereserven sowie den Zusammenhang zwischen Produktion und Verbrauch.

Meine Großmutter überlegte nicht, ob sie sparsam mit dem Brennholz umgehen sollte. Da sie jeden Ast selbst gehackt und geburtelt (das heißt in das Bündel geschnürt) hatte, sparte sie, weil sie um die Mühe wusste. Umgekehrt war ihr klar, während sie hackte, wie sich das Brennholz später im Ofen ausmachen würde, welches die richtige Länge war, welche Stücke zu dünn, welche so dick waren, dass man sie noch einmal spalten musste.

Meine bürgerliche Großmutter, die aus einer Familie von Sägewerksbesitzern (»Floßherrn«) im Fränkischen stammte und in einem Mädchenpensionat heiratsfähig geformt worden war, hatte in den guten Zeiten das Einschüren einem Mädchen überlassen. Aber sie konnte es selbst tadellos, benutzte Späne, die sie von einem Fichtenscheit abspaltete. Sie bestellte beim Kohlenhändler Bündel mit Schürholz und Eierbriketts. Gekocht hat sie, seit ich sie kenne, auf einem elektrischen Herd. Später stellte sie sich auf Ölöfen um, klagte aber, mit einer empfindlichen Nase begnadet und geschlagen, bis zu ihrem Umzug in das Altersheim über den Verlust der Kohleöfen.

Heizungstechnik ist fast immer dumm, denn sie macht den Nutzer von einem Spezialisten abhängig, der ihm beim ersten Defekt einen Wartungsvertrag aufschwätzt. Manchmal habe ich intelligente Versionen gesehen. In einer Schweizer Stadt, ich glaube, es war Winterthur, standen in einer Kunstgalerie wunderschöne, komplexe Gebilde aus Eisenguss und Kupfer: Es waren Ölbrenner, die ein Künstler entworfen hatte.

Zumindest der Gedanke, etwas so Lebendiges und Wichtiges wie das Feuer nicht in einem Keller seine Arbeit tun zu lassen, sondern im Wohnzimmer, ist ein Schritt in die richtige Richtung. Er könnte dazu führen, dass auch ein Ölbrenner wieder intelligent wird, das heißt so gestaltet, dass sein Anblick uns belehrt und seine Funktionen sich uns so erschließen, dass wir im Umgang mit ihm Kompetenzen gewinnen, die darüber hinausgehen, die Nummer der Störstelle aus einem Prospekt zu fingern.

Zur Zeit der Holz- und Kohleöfen waren solche sinnlichen, belehrenden Konstruktionen allgemein zugänglich. Für die Kultur der alten Öfen gilt viel von dem, was ich über die → Lampen gesagt habe.

Es gibt eine Periode, in der Techniker und Handwerker wetteiferten, möglichst formschöne und funktionssichere Gebilde zu schaffen, mit denen verglichen die heutige Auswahl an Öfen kläglich, auf wenige, simple Modelle reduziert ist, deren elender Schluss der »Beistellherd« ist, das letzte Herdkapitel im Haushalt meiner Mutter.

Äußerlich war er nicht mehr von einem Gas- oder Elektroherd zu unterscheiden, weißes Email. Weil sie das Feuer in der Küche nicht missen wollte – es konnte doch wieder einmal eine Zeit kommen, in der die Zentralheizung nicht funktionierte – und im Garten so viel Holzabfälle hatte, schaffte sie den Holzherd nicht ganz ab. Doch dieser war eine Fehlkonstruktion, durch deren winzige, hinter der Verkleidung schwer zugängliche Türchen nur extrem zerkleinertes Holz passte, eine Verlegenheitslösung, ein Ofen, der sich seiner schämte und sich versteckte, weil seine Konstrukteure nicht mehr stolz auf ihn waren, sondern ihn so gestalten mussten, dass er neben einem Kühlschrank und Siemens-Herd nicht auffiel. Wenn unterschiedliche Dinge nicht mehr ihren Charakter zeigen dürfen, sondern hinter einheitlichen Verkleidungen verschwinden und das als »schön« und »modern« gilt, dann wissen wir, dass die Dinge anfangen dumm zu werden.

Der älteste Herd war das Feuer in der Höhle, in der Erdhütte, im Wigwam oder im Zelt; die Feuerstelle war in Steine gefasst. Sobald es gemauerte Häuser gab, wurde auch der Herd gemauert, er war höher als seine Umgebung, man musste sich nicht bücken.

In toskanischen Bauernhäusern, deren Architektur sich seit der Zeit der Etrusker nur wenig geändert hat, ist der Herd aus groben Steinen geschlichtet und etwa kniehoch, ein Kompromiss zwischen der Unbequemlichkeit, sich zu bücken, und der anderen Unbequemlichkeit, das Feuerholz hochheben zu müssen und nicht, wie es der alte Höhlenherd möglich machte, einfach einen dicken Stamm hereinzuschleppen und über die Glut zu ziehen. Denn ein offenes Feuer zehrt, es ist unersättlich, und wer je an kalten Wintertagen eines unterhalten hat, der weiß, wie froh er um einen niedrigen und großen Kamin ist, wenn er selbst das Brennholz aus dem Wald heranschleppen muss. Je breiter der Kamin, desto länger dürfen die Scheite sein, das kann viel Arbeit sparen.

Toskanische Kamine nehmen in aller Regel Klafterscheite (so lang, wie ein erwachsener Mann die Arme breiten kann, von Fingerspitze zu Fingerspitze); sie brennen in der Mitte durch und können dann noch einmal aufgelegt werden. Anfangs dachte ich, wenn ich den Kamin im Winter benutzte, dass ich den Raum damit nie anständig warm kriegen würde; halb zu heiß, halb zu kalt, gerade so, wie man es von Kaminen lesen kann. Aber das änderte sich, als erst einige trockene Kastanienstämme in Asche verwandelt waren: Immer weniger musste die innere Wärme durch das Holzsägen herhalten, um den Mangel an Zufuhr von außen auszugleichen, denn die ganze Rückwand des großen Kamins fing an die gespeicherte Hitze abzustrahlen. Die zugige Wohnküche mit ihren vier Türen war nach einigen Tagen so angenehm temperiert, wie man es anfangs nicht denken mochte.

Die offene Feuerstelle im Haus ist in den Glanzpapierzeitschriften ein Luxus, neben dem Birkenscheite liegen, die mit Hartspiritus angezündet werden; kein Bewohner käme auf den Gedanken, Wasser in einem Kessel über diesem Feuer zu wärmen.

In den alten Landwirtschaftslexika ist bei jedem Baum beschrieben, wie gut sich sein Holz für das Feuer eignet. Dass Buche, Eiche und Birke gut sind, weiß jeder. Olivenholz und Robinie brennen womöglich noch besser. Aber alle werden vom Wacholder übertroffen. Baumheide (Erika) brennt auch grün. Alles andere Holz muss mindestens ein Jahr trocknen (in Deutschland zwei Jahre, die Sonne hat dort nicht so viel Kraft). Pinienäste sind ungeeignet, sie rauchen und explodieren, so dass brennende Holzteile meterweit in den Raum hineinfliegen. Einige Zeit verbrannte ich am liebsten die Schlehenstämme, die zehn Jahre lang große Teile des podere (der Hofstelle) fast unzugänglich gemacht hatten, aber dann im Schatten der aufgekommenen Eichen und Kastanien vertrockneten. Sie hatten mich so oft geärgert und gestochen, dass ich triumphierend zusah, wie ihre schwarzen Stacheln im Feuer aufglimmten und zu harmloser Asche zerfielen.

Wie groß müsste ein Waldgrundstück sein, um den Besitzer eines Herdes von Fremdenergie unabhängig zu machen? Es hängt von den Ansprüchen (will er einen großen Raum heizen oder einen kleinen), der Fruchtbarkeit und dem Klima ab. Aber bereits ein Wäldchen von tausend Quadratmetern kann Holz für viele Feuer liefern.

Öl, Gas, Elektrizität sind dem Feuerholz feindlich. Sie werden geliefert und lehren uns nichts außer Bequemlichkeit. Das Feuerholz liegt im Wald und verfault, die nicht ausgelichteten Stämme nehmen anderen Luft und Platz weg, die Waldbauern müssen sich ihren Lebensunterhalt als Fernfahrer oder Gasableser verdienen.

Kein Herd oder Ofen kann das offene Feuer ersetzen. Er hat zwar praktische Vorteile, aber diese gehen mit einer Entsinnlichung einher, und von dieser haben wir in unserer Dummdingwelt genug. Der wichtigste Vorteil ist die Sparsamkeit: Wenn ich einen Ofen schüre, kann ich mit erheblich geringerem Verbrauch von Holz oder Kohle dem Raum mehr Wärme zuführen. Die Wärme ist ferner, indirekter – ich habe schon einmal von dem alten toskanischen Hirten erzählt, der sich weigerte, sich wie die anderen an der cucina economica (so heißt in Italien der Küchenherd) zu wärmen, sondern unbedingt ein Kaminfeuer brauchte. Aber sie ist auch nachhaltiger, besser zu kontrollieren, dauerhafter.

Alte Öfen und Herde sind oft Kunstwerke; viel Liebe wurde aufgewendet, um glasierte Kacheln zu bemalen oder eiserne Platten mit Wappen, Reliefs und Ornamenten zu schmücken. Selbst die beginnende Industrialisierung hat hier die Themen des Kunsthandwerks von einst aufgegriffen und weiterentwickelt. Besonders beeindrucken mich die Kanonenöfen des Biedermeier, die aus einzelnen Ringen gegossen sind, die man wie Stapeltassen aufeinander schichtete. In Amerika entwickelte sich schnell eine blühende Holzofenindustrie, die mit chromgeschmückten, emaillierten Ungeheuern Saloons und Wohnzimmer wärmte; um das lebendige Feuer nicht ganz auszusperren, waren in den Bauch dieser Öfen Gitterwerke mit Tafeln aus Marienglas (Glimmer) eingesetzt.

Der Kochherd muss die Flamme so dicht wie möglich an Töpfe und Pfannen bringen; der Ofen möglichst viel Wärme in den Raum abgeben. Beide sollen das Feuer regulieren, eine riskante Angelegenheit, an der schon viele Menschen gestorben sind, die unvorsichtig mit der Rauchklappe umgingen – jenem beweglichen Hindernis im Abzug, das den Querschnitt regelt, durch den die Rauchgase entweichen können. Je heißer die Gase im Kamin, desto mehr Wärme geht dem

Raum verloren. Je enger der Abzug, desto größer die Gefahr, dass giftiges Kohlenmonoxid, wie es bei unvollständiger Verbrennung entsteht, den Raum verpestet. Daran ist der große Zola gestorben: Er wollte es warm haben und Kohle sparen, füllte den Ofen und drosselte ihn.

→ *Feuerzeug*

J

Jagd

Lehrreich, um den Unterschied zwischen Werkzeugen, die unseren Geist erleuchten, und anderen zu finden, die ihn verdüstern, ist die Evolution der Jagd.[18]

Über fünfundneunzig Prozent der menschlichen Entwicklungsgeschichte war die Herstellung von Werkzeugen extrem einfach. Erst vor rund zehntausend Jahren entstand organisiertes Handwerk, wurden Äxte aus Steinen geschliffen, Töpfe verziert und gebrannt. Vorher beherrschte jede(r) der nomadisierenden Sammlerinnen und Jäger die nötigen Handgriffe, um Speere, Faustkeile, Grabstöcke und Körbe herzustellen. Wirksame Fernwaffen wie Pfeil und Bogen, Speerschleudern und Harpunen entstanden ebenfalls erst spät.

Was ist vor den lange Zeit kaum wahrnehmbaren Fortschritten in der materiellen Kultur in jener langen Zeitspanne geschehen, in denen Homo sapiens und wohl auch schon Homo erectus als Jäger lebten? In jedem Fall wirkte der Einfluss dieser Lebensform wie ein Filter; er ließ nur jene Individuen passieren, die sich an ihre Forderungen anpassen konnten, und schuf so die genetische Einheit der menschlichen Art. Das Leben als Sammlerinnen und Jäger hat uns so geschaffen, wie wir sind. Der amerikanische Anthropologe William S. Laughlin, dem ich viele Einzelheiten zu dieser Frage verdanke, hat es das Meisterverhalten (master-behaviour) der Art Homo sapiens genannt: Es strukturierte und verknüpfte körperliche und geistige Merkmale, bis der Mensch entstanden war, den wir heute kennen.

Ein Buschmannkind kann mühelos alle Dinge erlernen, die zum

---

[18] Dieser Abschnitt greift Überlegungen auf, die der Autor 1972 in einem längst vergriffenen Band über ›Jäger und Sammler. Als sich die Evolution zum Menschen entschied‹ anstellte, vor allem in Kapitel VII.

Überleben in einer Großstadt notwendig sind. Trotz der ungeheuren Unterschiede zwischen beiden Kulturen sind Großstädter und Buschmänner so lange durch einen gemeinsamen Evolutionsfilter gelaufen, dass sich ihre genetische Ausrüstung durch den dramatischen kulturellen Fortschritt seit dem Neolithikum (der Jungsteinzeit mit Städtegründung, Arbeitsteilung, Ackerbau und Viehzucht) nicht mehr verändert hat.

Philosophierende Anthropologen wie Arnold Gehlen haben versucht Eigentümlichkeiten der menschlichen Kultur dadurch zu erklären, dass sie Homo als »Mängelwesen« definierten. Da ihm die natürlichen Waffen des Raubtiers fehlten, habe er Werkzeuge erfinden und Kulturtechniken entwickeln müssen, die seine angeborene Minderwertigkeit ausglichen.

Feldforschungen und genauere physiologische Studien widerlegen diese Sicht. Der Mensch ist alles andere als ein Mängelwesen; er ist erstaunlich leistungstüchtig und widerstandsfähig. Durch ein breites Spektrum biologisch wertvoller Funktionen kann er einen Vorrang gegenüber vielen Tieren beanspruchen, seine Intelligenz einmal außer Acht gelassen. Nur der Mensch kann drei Kilometer schwimmen, dreißig Kilometer laufen und dann noch auf einen Baum klettern.

Bemerkenswert ist vor allem seine Dauerleistung. Geübte menschliche Jäger können viele Beutetiere zu Tode hetzen. Indianer fingen Pferde, indem sie die Tiere durch ausdauernde Verfolgung erschöpften, wobei ihnen zustatten kam, dass sie als geübte Fährtenleser die Bögen vorausberechnen konnten, in denen die Tiere liefen. Kein Säugetier kann so gut Lasten tragen wie der Mensch; er übertrifft hier etwa den Esel. Die Literatur berichtet von Fällen, in denen Träger über viele Tagesmärsche hin Lasten schleppten, die schwerer waren als sie selbst. Das beweist physische Stärke ebenso wie Ausdauer; beide müssen lange Zeit von hohem Selektionswert gewesen sein: Der Jäger, der seine Beute zum Lager schaffen konnte, trug zum Überleben seiner Angehörigen bei.

Auch die menschlichen Sinnesorgane sind sehr hochwertig. Hunde riechen besser als wir, Katzen hören besser, Raubvögel sehen schärfer. Aber in allen Sinnesfunktionen zusammen wird der Mensch nicht leicht übertroffen. Auch seine Haut ist bemerkenswert zäh und fest; sie übertrifft die vieler Tiere. Der Mensch hat seine Haare nicht verloren, weil er Kleider trug, wie manchmal angenommen wird. Wahrscheinlich verlor er den größten Teil seines Pelzes im Übergang zu einem Jägerleben in der Savanne, in dem das größere Abkühlvermögen einer nackten Haut erhebliche Vorteile bot, wenn es darum ging, tagsüber Beutetiere zu hetzen. Anders als die meisten Raubtiere war der Mensch immer ein Tagjäger; er fürchtet die Dunkelheit und hat sie sich erst durch die Erfindung des Feuers wohnlicher gemacht.

Ähnlich vielseitig sind Zähne und Verdauungstrakt des Menschen; er kann bei reiner Fleischkost überleben, wie die Eskimos, oder als Vegetarier. Wenn er jagt, ist der Mensch nicht nur ausdauernder, sondern auch widerstandsfähiger gegen Hunger und Durst als die meisten seiner Beutetiere. Verglichen mit den Überlegenheiten, die später die Werkzeuge schufen, scheinen diese Vorzüge simpel. Aber wir dürfen sie nicht übersehen. Die Komfortideologie der Konsumgesellschaft will Homo zu einem Geschöpf machen, das nicht ohne Frittenbude und gekacheltes Bad überleben kann. Nur der Mensch, sagt Laughlin, kann in zwei bis drei Tagen ein Pferd derart müde hetzen, dass es sich ihm völlig erschöpft ergibt, und sich dann überlegen, ob er es nun schlachten und essen, reiten, vor eine Last spannen oder anbeten soll.

Unter dem Aspekt der dummen Dinge ist es geradezu verblüffend, wie wenig Energie in der weit überwiegenden Zeit der menschlichen Evolution Sammlerinnen und Jäger darauf verwendet haben, ihre Werkzeuge zu verbessern. In der runden Million Jahre, in der sich der Mensch entwickelte, wurden die meisten Tiere mit Steinen, Keulen oder Speeren erbeutet; vielfach auch einfach erdrosselt oder in Schlingen gefangen. Noch die Helden Homers kämpften vor Troja mit Feldsteinen, behielten also die alte Fernwaffe, obwohl sie die neuen – Lanze, Wurfspeer und Bogen – bereits kannten.

Bei den altsteinzeitlichen Jägern sind Pfeil und Bogen nie von der vorzüglichen Qualität moderner Sportbögen oder mittelalterlicher Langbögen, die von einer eigenen Zunft hergestellt wurden. Die »primitiven« Jäger verließen sich mehr auf Intelligenz als auf Waffen. Die

Bögen der Buschmänner sind nicht besonders gut; sie haben nicht so viel Kraft, dass es mit ihnen gelingt, ein größeres Tier auf den ersten Schuss zu töten. Aber die Pfeile sind vergiftet; das Toxin, aus den Puppen bestimmter Insektenarten gewonnen, wirkt binnen vierundzwanzig Stunden tödlich und ist absolut unschädlich, wenn das Wild nachher gegessen wird.

Alle ethnografischen Berichte belegen, wie die Sammlerinnen und Jäger viel Zeit, Kraft und Aufmerksamkeit darauf verwenden, ihr Wissen um ihre Umwelt zu verbessern, das Wild zu überlisten, Fährten zu lesen, während sie mit der Technologie sehr nonchalant umgehen. Man kann daraus ableiten, dass Intelligenz und Wissen in den frühen Phasen der menschlichen Evolution deutlicher belohnt wurden als technische Verbesserungen.

In der Tat dient Wissen dem Überleben in der Wildnis verlässlicher als ein Werkzeug, das beschädigt werden kann, verloren geht und den hilflos zurücklässt, der sich darauf verlassen hat. Das gilt vor allem dann, wenn es so kompliziert gemacht ist, dass es ohne Spezialkenntnisse oder besondere Werkzeuge nicht repariert werden kann.

Viele Ethnografen haben berichtet, wie gut altsteinzeitliche Jäger die Unzulänglichkeiten ihrer Technologie ausgleichen konnten. Das Walross, das in Kämpfen mit Eisbären oft Sieger bleibt, wird von den Aleuten in der Regel im Schlaf erstochen. Jeder primitive Jäger kann die geringste Deckung nutzen, um sich anzuschleichen. Er geht gegen den Wind und nützt natürliche Geräusche aus, um sich unhörbar zu machen. Die Eskimos jagen Seeotter im pfeifenden Sturm, wenn die sonst höchst wachsamen Tiere den Schritt der Jäger nicht hören, und erschlagen sie mit Keulen.

Auch die seit der Altsteinzeit nachgewiesenen Treibjagden erweisen den Gegensatz zwischen exquisiter Planung und primitivsten Werkzeugen – Feuerbrände, Steine, Knüppel. Der Selektionsvorteil der großen Beute solcher Jagden war vermutlich ein Motor für die menschliche Sprach- und damit Intelligenzentwicklung. Aber nicht nur die Lautsprache, auch andere Kommunikationsformen entwickelten die »primitiven« Jäger. Die Aleuten etwa verfügten über ein »Paddelalphabet«, das dem nautischen Flaggenalphabet vergleichbar ist und allen nachfolgenden Jägern ohne das leiseste Geräusch signalisiert, was ein Späher wahrgenommen hat.

Ethnobotanik und Ethnozoologie sind inzwischen als eigene anthropologische Forschungsrichtungen eingeführt. Sie konzentrieren sich auf das reiche Wissen der »Primitiven« über die Pflanzen und Tiere ihrer Gebiete. Die Resultate sind überraschend genug. Bereits der Ornithologe Ernst Mayr, der in den dreißiger Jahren mehrere Monate bei einem Papua-Stamm verbrachte, sammelte einhundertsechsunddreißig unterschiedliche Namen der Eingeborenen für die einhundertsiebenunddreißig Vogelarten, die er dort entdecken konnte. Nur in einem einzigen Fall machten die Papua-Jäger nicht denselben Unterschied zwischen zwei Vogelarten wie die Taxonomen der zoologischen Sammlungen.

Pflanzliche Nahrung gibt es dort, wo sie den Herbivoren ernähren soll, meist in größeren Mengen. Sie läuft nicht fort, wehrt sich nicht, wird von jedem einzeln gesucht und verzehrt. Sie erfordert nicht die ausgearbeiteten Planungen der Großwildjagd und die intensive Kommunikation zur Verteilung der Beute. So ist zu vermuten, dass erst die Jagd eine hohe Selektionsprämie auf Intelligenz und Erfindungskraft setzte, von der dann sekundär auch wieder die Sammlerin profitierte.

Laughlin hat das Jagdverhalten in fünf Stufen unterteilt, die alle für die Intelligenzentwicklung von Homo sapiens sehr wesentlich sind. Durch dieses Trainingsprogramm wurden die Voraussetzungen für die agrarische Revolution geschaffen, die folgerichtig auch an unterschiedlichen Orten relativ rasch und wohl unabhängig voneinander zur Entwicklung der frühesten Hochkulturen führte: in Mesopotamien, Anatolien, Peru, Indien und China. Diese fünf Stufen sind:

1. Ausbildung der Kinder
2. Wissen um den Aufenthalt und das Verhalten der Beutetiere
3. Beschleichen und Verfolgen der Beute
4. Fangen oder Töten
5. Verwerten und Verteilen der Beute

Die Grundlage zur menschlichen Naturforschung verdanken wir nicht Archimedes oder Newton, sondern den alten Jägern. Scharfe Beobachtung ist ebenso unentbehrlich für den menschlichen Jäger wie die

Entwicklung von Voraussagen, wie sich Beutetiere verhalten. Elisabeth Marshall-Thomas hat in ihrem Buch über die Buschmänner[19] berichtet, wie ihr ein Jäger erzählte, er sei einmal mit einem Freund einer angeschossenen Antilope nachgegangen. Sie waren sich der Beute sicher, denn das Pfeilgift tötet binnen vierundzwanzig Stunden, und die Spur lag vor ihnen wie für uns eine Buchzeile. Aber als die Jäger endlich ihre Beute fanden, hatten sich nicht weniger als sechs Löwen darangemacht, sie zu verzehren. Aus religiösen und auch praktischen Gründen (wegen der verzögerten Wirkung des Pfeilgifts) jagen Buschmänner keine Löwen. Aber die Antilope gehörte ihnen.

Der eine Jäger setzte nun zu einer Rede an, in der er den Löwen erläuterte, dass er das Tier erbeutet habe, es ihm gehöre, noch andere im Busch seien und die Löwen sich gefälligst selbst eine Antilope holen sollten. Unter solchen Reden näherten sich die beiden den Löwen, die drohend brüllten und zunächst keine Anstalten machten, sich dem Zureden zu fügen. Die Jäger wussten aber, dass Löwen fast nie einen Menschen angreifen, solange er nicht verwundet ist. Sie begannen mit Steinen zu werfen. Murrend zogen sich schließlich die Löwen zurück, denen die Sache zu ungemütlich wurde. Das Wissen der Buschmänner hatte ihnen ihren Braten gerettet.

Dieses lebensrettende Wissen wird schon in der Kindheit erworben. Oft werden Jungtiere ins Lager gebracht, um den Kindern Anschauungsunterricht zu geben. Die »Ausbildung« zum Jäger gehorcht viel mehr als der spätere Drill der agrarischen Kulturen den Gesetzen der pädagogischen Psychologie, die heute in den Lehrbüchern stehen. In einem ägyptischen Papyrus steht: »Das Ohr des Schülers sitzt an seinem Rücken. Er hört nur, wenn man ihn schlägt.« Die altsteinzeitlichen Kulturen halten hingegen nichts von Prügeln für Kinder. Es heißt, dass sie dadurch schlechte Jäger werden.

Wenig Zwang, viel Lob, praktische Beispiele, Anerkennung für kleine Jagderfolge – Eidechsen, Schildkröten, Mäuse – sind in allen Jägerkulturen Teil der »Erziehung«. Im Training der künftigen Jäger wird viel mehr Wert auf Fährtenlesen und Wildkunde gelegt als auf spe-

---

[19] Meine Freunde die Buschmänner. Berlin 1962.

zifisch körperliche Übungen wie Bogenschießen und Speerwerfen. Das Jagen der »Primitiven« hat einen ausgesprochen intellektuellen Zug: Weit mehr Wert als auf die Zielsicherheit wird darauf gelegt, nahe genug an das Ziel heranzukommen. Die Pfeile der Pygmäen, Buschmänner, Eskimos, Andamanesen und vieler Indianerstämme erreichen nie die Treffsicherheit moderner Sportbögen.

Das Spurenlesen wird von den Reiseschriftstellern immer wieder gerühmt. »Primitive« Jäger können aus Zeichen, die der »zivilisierte« Mensch nicht wahrnimmt, Zahl und Alter potenzieller Beutetiere abschätzen und auch sagen, wann sie an einem bestimmten Ort waren. Wie wichtig das Spurenlesen schon in den frühesten Kulturzeiten war, lässt sich aus den Höhlenbildern ableiten, in denen oft die Fährte eines Tieres wie eine Art Schrift für dieses selbst steht. Alte Jäger der australischen Aborigines veranstalten regelrechte Kurse für die Kinder des Stammes, indem sie mit großer Geschicklichkeit Zeichen in den Sand graben, die von der wissbegierigen Jugend – Mädchen wie Knaben – gedeutet werden müssen.

Spurenlesen ist vielleicht jener Teil der Jagd, der am wenigsten Technologie erfordert, aber Wahrnehmung und Intelligenz besonders stimuliert. Dem Jäger entgeht kein umgetretener Grashalm mehr. Daher kann er auch relativ sicher jagen, weil er großes, gefährliches Wild – etwa einen Büffel – mit einem Giftpfeil verwunden und dann aus sicherem Abstand abwarten kann, bis es verendet ist. Er weiß ja, dass er seine Beute in jedem Fall auffinden wird.

Der Pygmäe, der mit einem Speer auf einen Elefantenbullen losgeht, erscheint dem Beobachter tollkühn. Aber er wendet eine ebenso kluge wie sichere Methode an und wird tatsächlich kaum je von seinem wehrhaften Gegner getötet, der vierhundertmal schwerer und doppelt so hoch ist wie er. Der Jäger schleicht sich von hinten gegen den Wind an, bis er fast unter dem Elefanten steht, und stößt dann mit der Lanze zu, so fest er kann. Sein Ziel ist es, die Bauchhaut zu durchdringen und die Eingeweide zu verletzen. Dann zieht er sich blitzschnell ins Dickicht zurück, wobei ihm seine geringe Körpergröße zustatten kommt: Pygmäen laufen im Urwald, in dem sich Weiße mit dem Haumesser durchkämpfen, wie auf einem gebahnten Weg.

Die Blutung erleichtert es, den Elefanten zu verfolgen. Der Stoß hat meist die Gedärme verletzt. Der Koloss verendet binnen weniger Tage an einer Bauchentzündung. Während dieser Zeit verfolgen ihn der Jäger und seine Angehörigen aus sicherem Abstand, schließen aus der Spur, wie vital oder geschwächt das Opfer ist und ernähren sich während dieser Zeit notdürftig von wildem Honig (der zusammen mit den Bienenlarven gegessen wird), Früchten und Wurzeln. Das Festessen ist ihnen sicher.

Spurenlesen und Beschleichen einer Beute gehören zusammen. Wer aus der Spur entnimmt, wie alt sie ist, wird rechtzeitig alle Geräusche vermeiden oder eine Richtung wählen, aus der ihn das Beutetier nicht wittern kann. Die meisten archaischen Jäger verwenden viel Zeit darauf, sich ihrer Beute zu nähern. Die von Ethnografen geschilderte Distanz beim Schuss oder Wurf scheint den heutigen Jägern, die mit Büchse und Zielfernrohr ausgerüstet sind, oft geradezu unglaublich. Die Beutetiere sind ebenso scheu wie heute, aber die »primitiven« Jäger nähern sich ihnen oft bis auf wenige Schritte und richten sich auch in der Jagdmethode nach ihrem ethologischen Wissen. Manche Tiere bleiben stehen, wenn sie verwundet werden, und geben so Gelegenheit zu einem zweiten Schuss. Andere fliehen, laufen dabei aber in einer vorausberechenbaren Richtung, so dass ein geschickter Jäger sie abfangen und zur Strecke bringen kann. Je weniger wirksam die Jagdwaffen sind, desto mehr übt die Jagd den menschlichen Verstand. Schrotflinte und Zielfernrohr sind ausgesprochen dumme Dinge, wobei automatische oder mehrschüssige Waffen diese Dummheit noch steigern: Hier kann der Jäger, auch wenn er seinen ersten Schuss schlecht platziert hat, durch einen Strom von Kugeln seinen Fehler ausgleichen.

Der Mensch dankt seine Intelligenz jener Phase der Evolution, in der er als Sammlerin und Jäger lebte. Anders lässt sich nicht erklären, weshalb die Hochkulturen unabhängig voneinander an verschiedenen Orten entstanden und Homo sapiens überall auf der Erde eine Art geblieben ist. Die Altsteinzeit, in der kleine Gruppen große Gebiete besiedelten und untereinander oft für lange Perioden isoliert waren, schuf die besten Voraussetzungen für eine intensive Wirkung von Mutation und Auslese.

Die evolutionäre Kapazität der Menschenart war damals am höchsten. Sie bewirkte, dass die tüchtigsten Jäger, die klügsten Sammlerinnen auch die meisten Nachkommen hatten. In vielen altsteinzeitlichen Kulturen gibt es die fakultative Polygamie. Der tüchtigste Jäger einer der typischen Gruppen von dreißig bis neunzig Mitgliedern (über dieser Zahl verlieren Gruppen den Lagerzusammenhalt, weil sie ein zu großes Areal durchstreifen müssen, um genügend Nahrung zu finden) zeugt oft bis zu zwanzig Prozent der gesamten Nachkommenschaft mit mehreren Frauen.

Natürliche Auslese kann Merkmale nicht erklären, die keine erkennbaren Auswirkungen auf die Lebenstüchtigkeit haben. Diese sind wahrscheinlich in Gruppen entstanden, die lange Zeit voneinander getrennt waren. Unter den »Primitiven« sind interkulturelle Ehen extrem selten; praktisch nie wird jemand geheiratet, der nicht die eigene Sprache spricht.

Eine der entscheidenden Barrieren scheinen über lange Perioden der Evolution die Flussläufe gewesen zu sein. Jäger und Sammlerinnen, die Küsten besiedeln, hinterlassen immer Spuren – vor allem große Haufen von Muschelschalen. Nun hat Homo erectus und lange Zeit auch Homo sapiens das Wasser gefürchtet. Das hängt mit dem aufrechten Gang zusammen: Halbaffen können, ähnlich Hunden oder Katzen, spontan schwimmen, sie müssen dazu kein neues Bewegungsmuster erlernen. Die höheren Affen aber haben im Zusammenhang mit ihrer »hangelnden« Klettermethode die Fähigkeit zu schwimmen verloren. Sie fürchten das Wasser, denn sie bleiben nicht an der Oberfläche, wenn sie ihre gewöhnlichen Bewegungsmuster im Wasser fortsetzen.

Georg Schaller, einer der besten Kenner der Menschenaffen, hat beobachtet, dass ein kleiner Fluss, den jeder ungeübte Schwimmer überqueren könnte, für die mächtigen Berggorillas ein unüberwindliches Hindernis ist. So haben die höheren Affen nicht schwimmen gelernt, sondern das Wasser instinktiv gemieden, um die Nachteile des Nichtschwimmenkönnens auszugleichen. Vermutlich haben auch die frühen Menschen an dieser Angst laboriert – »Wasser hat keine Balken«.

Aber diese Angst war nicht unüberwindlich und vermutlich hat irgendwann eine besonders kluge Sammlerin oder ein schlauer Jäger einem Vierfüßler die Schwimmbewegungen abgeschaut. Das war, als rund neunzig Prozent der Evolution von Homo bereits verstrichen waren, etwa dreißigtausend Jahre vor unserer Zeit. Damals wurden erstmalig höhere Bevölkerungsdichten für Küstenjäger möglich, die mit Lachs- und Walfang, Bootsbau, polierten Stein- und Knochenwerkzeugen eine Art Hochkultur der Jäger schufen. Ähnlich spät und komplex ist die Kultur der Eskimos, die schon vor dem Kontakt mit den Weißen Metalle verarbeiteten (Kupfer), Schlitten und Boote bauten, Hunde zähmten und raffinierte Schneehäuser mit Öllampen heizten.

K

Kühlschrank

Im Jahr 1952 ging ich an einem sonnigen Januarmittag vom Gymnasium in Passau nach Hause. Es war ein weiter Weg durch die Altstadt, über die Maxbrücke (eine genietete Eisenbrücke, 1970 abgerissen) nach Eggendobel und die Donauleite hinauf nach Sturmberg. Unten an der Straße gab es einen Metzger; mein Weg führte hinter ihm den Abhang hoch. Dort stand, an die Rückmauer des Metzgerladens gelehnt, ein würfelförmiges Gebäude mit sehr dicken Mauern und winzigen, immer mit Holzläden verschlossenen Fenstern. Jetzt waren Läden und Fenster geöffnet. Ich hörte ein merkwürdiges Stampfen und Klirren, gemischt mit dumpfen Stimmen aus der Tiefe. Neugierig blickte ich hinein. Ein kalter Luftzug wehte mir entgegen. Unten sah ich in einem tiefen Keller zwei Männer, die mit Holzhämmern vom Haut-den-Lukas-Typus Eisschollen zertrümmerten; von draußen glitt auf einer hölzernen Rutschbahn ein Stück Eis nach dem anderen herein, grünes Ilz-Eis. In einer Ecke lag ein Haufen Sägemehl. Ich schaute lange; plötzlich spürte ich einen jähen Schmerz im Gesicht, dicht neben dem rechten Auge. Ich tastete danach, während ich weglief: Blut, Wut, Erleichterung, »das hätte ins Auge gehen können!«

Ein Eisbrocken hatte mich getroffen. Ich weiß nicht, ob ihn einer der Hämmer hochgeschleudert oder einer der Männer sich über den Beobachter geärgert hatte, der das Licht wegnahm, und ihn auf diese Weise strafte.

Später sah ich den Anfang der Eiskette: Ich lief gerade Schlittschuh, als ein Bauer mit einem Schlepper, einigen Knechten und einer Ladung Bretter und Böcken auf dem Anhänger kam. Sie bauten eine Rutschbahn von der Eisfläche auf den Anhänger und fingen an mit Pickeln und einer großen Zweihandsäge große Schollen aus der Eisfläche zu brechen und zu schneiden, die sie dann mit Hakenstangen auf den

Brettern in den Anhänger beförderten. Das war für den Eiskeller des Bauernwirts, der sicher einige Jahre später seine Kühlkammer elektrifiziert hat.

Vor dem Kunsteis und der Elektrizität, die nach dem Kompressor- oder Absorber-Prinzip Kälte erzeugt, war natürliches Eis, im Winter von Flüssen und Seen herangefahren, mit großen Hämmern zerkleinert, mit Sägemehl isoliert und in Felsen- oder Erdkellern gelagert, ein Mittel, im Sommer zu kühlen. Ein solcher Eiskeller ist ein kluges Ding. Er nutzt, was die Natur bietet, ohne sie zu stören. Er schärft die Sinne und die Voraussicht. Wenn die Dicke der Eisschicht im Keller gut gewählt war, reichte sie bis zum nächsten Winter.

Wie viel Geistesschwäche im Kühlschrank eingebaut ist, bemerkt man im Winter, wenn draußen die Kälte klirrt und drinnen der Kompressor surrt.

Als wir vor einigen Jahren endlich die Spuren der studentischen Improvisationen mithilfe eines freundlichen Küchenbaumeisters aus unserem Haushalt tilgten, dachte ich, ein bestimmtes Kühlschrankmodell, von dem ich einmal in einer ökologischen Zeitschrift gelesen hatte, sei auch auf dem Markt zu finden. Es sollte da ein in die Nordmauer integriertes Aggregat geben, das im Winter die kalte Außenluft nutzt.

Aber keiner der Innenarchitekten, die ich fragte, wusste, wo es dieses Modell gab. Alle Fachleute vermuteten, wenn ich so etwas bauen ließe, sei es sicher derart teuer, dass man von den Mehrkosten bis zum Tag der Klimakatastrophe mehrere normale Kühlschränke betreiben könne. Widerwillig gab ich auf; es wäre auch schwierig gewesen, das Einverständnis des Hausverwalters für eine Durchlöcherung der Nordmauer zu gewinnen. Seither steht ein Klimazonen-Frostautomat mit extra dicker Isolierung und FCKW-freiem Kühlmittel in unserer Küche, trotz aller Bemühungen ein ziemlich dummes Ding.

L

Lampen

Die einfachste Lampe ist ein weicher Stein, oft Steatit – Speckstein –, in den eine Grube geschnitzt wurde. Dazu ein Docht aus Moos oder Flechten. Ohne dieses Hilfsmittel hätten unsere Ahnen in der Steinzeit die Höhlen nicht besiedeln können, wäre es den Eskimos nicht möglich, die Polarnacht zu überstehen. Die Öllampe leuchtet, wärmt, kocht. Sie entwickelt mit einem neuen Material das alte Lagerfeuer weiter, das ebenfalls alles in einem ist: Licht, Wärme, Küche.

Lampen sind Eingrenzungen und Spezialisierungen des Feuers. Ihre Urformen verraten noch, dass sie Feuerstellen im Kleinen sind, als offene Schalen aus Stein, Eisen, Bronze (wie die indischen Öllampen), an deren Rand ein Docht liegt, der so weit herausragt, dass er nicht im Brennfett ertrinkt, und diesem doch so nahe ist, dass er aus ihm jene flüchtigen Bestandteile saugen kann, die seine Flamme speisen.

Afrikanische Lampen sind oft aus einem Stück Eisen geschmiedet: Ein Stab, dessen spitzes Ende in den Boden gesteckt wird, verbreitert sich zu einer Schale. Das Ganze bewacht oft ein Vogel, Symbol der flüchtigen, in die Luft strebenden Flamme, deren Geheimnis durch unsere Theorie der Oxydation von Kohlenwasserstoffen nur abstrakt erfasst werden kann.

Die leuchtende Flamme der ältesten Lampe ist für den, der aus tiefer Dunkelheit kommt, ein strahlendes Licht. Für einen, der sie mit der Sonne oder auch einer Glühlampe vergleicht, ist sie eine Funzel, die flackert und bei vielen gerade noch brauchbaren Brennstoffen auch stinkt und rußt. Sie ist ein kluges Ding, weil sie jedem, der sie gebraucht, elementare Kenntnisse über Fett, Öl und die Qualität des Dochtes vermittelt.

Dem Achtsamen erklärt die Lampe etwa den Unterschied zwischen pflanzlichen und tierischen Fasern beziehungsweise den modernen

Kunststoffgeweben, deren Fasern nach demselben Prinzip entstehen wie das Gewebe der Spinne und daher auch ähnlich schlecht als Docht geeignet sind wie diese. In der Kraft des Dochtes, das Brennöl aufzusaugen und durch seine Kapillarwirkung von unten nach oben zu befördern, erkennen wir die Kraft der Pflanzenfaser, Wasser zu transportieren. Wir können die verschiedenen Fasern erproben und feststellen, welche sich im Lauf der Zeit durch die Kohle, die sie bilden, immer unwegsamer für den Fluss des Brennöls machen. Eskimos verwenden Moosdochte; wo es Baumwolle gibt, hat sie dem Moos den Rang abgelaufen. Leinen und Nessel müssten ebenfalls funktionieren; ich habe es noch nicht erfahren oder erprobt.

Die Kerze ist gegenüber der ehrwürdigen Öllampe ein dummes Ding. Es gibt sie noch nicht lange, und sie ist inzwischen so perfektioniert, dass sie uns eigentlich von gar nichts mehr kündet als einer vagen Absicht zur Romantik. Weiterentwicklungen der Kerze sind jene Kreationen der modernen Nahrungsmittelindustrie, in denen beispielsweise Eier zerschlagen und in die Form einer Rolle gebracht werden, in der ein Dotterkern von einer überall gleich starken Eiweißschicht umgeben ist: Der eilige Koch lobt sich dieses verbesserte Ei, weil es in Salaten und auf Broten nirgends mehr die unattraktiven Scheiben gekochter Eier gibt, in denen kein prächtiges Gelb im weißen Rand mehr prangt. Derselbe Koch verwendet auch aus Fleischresten gepresste Hühnerbrüste und stellt Kerzen auf den Tisch.

Wie bei den meisten dummen Dingen ist der erste Schritt genial: Ein unbekannter Erfinder umgibt den Docht mit dem Fett oder Wachs, das er verbrennen soll. Die primitiven Kerzen aus Talg verbrannten ungleichmäßig, die Dochte hingen herab und brannten dem, der die Kerze nicht putzte, als »Räuber« am unerwünschten Ort. Heute kaufen wir fast immer Stearinkerzen (von dem teuren Bienenwachs abgesehen), die mit geflochtenen Baumwolldochten ausgerüstet sind und sich im Niederbrennen selbst verzehren, so dass die schönen Lichtputzscheren aus Messing, mit denen unsere Ururgroßeltern hantierten, überflüssig geworden sind und viele nicht mehr wissen, wozu sie taugen.

Ein Ort, an dem Lampen immer gebraucht werden und man ihnen

aus verständlichen Gründen besondere Aufmerksamkeit schenkt, ist das Bergwerk. Die frühesten Grubenlampen waren einfache Schalen, aus Eisen geschmiedet und an einem großen Haken beweglich aufgehängt. Später kamen geschlossene, verschraubte Ausführungen aus Messing oder Bronze, in denen der Staub nicht so leicht das Öl verunreinigte. Aber das Lampenlicht blieb trübe, bis die Karbidlampe erfunden wurde, die um die Jahrhundertwende ihre größte Verbreitung erreicht hat und damals nicht nur von Bergleuten verwendet wurde, sondern auch von Zugbegleitern, um die Räder und Bremsen auch nachts prüfen zu können, ja selbst von Radlern, Kutschern und den frühen Autofahrern, um ihren Weg zu beleuchten.

Die Karbidlampe ist ein intelligentes Ding, das – anders als die Öllampe – mit geschlossenen Behältern für Wasser und Karbid operiert. Sie lässt sich genau regeln, abstellen und wieder anstellen, indem die Wasserzufuhr geöffnet oder verschlossen wird. Karbid kann, ähnlich wie gebrannter Kalk, industriell in großen Mengen billig produziert werden. Aber das Karbidlicht ist den Konsumenten zu umständlich geworden; es wurde durch einfach an- und abzuschaltende Lampen mit teuren Batterien oder aufladbaren Akkus (deren Lebensdauer begrenzt ist) ersetzt. Verglichen mit der typischen Taschenlampe, einem Wegwerfartikel, ist die Karbidlampe eine viel elegantere Lösung. Ich erinnere mich noch gut an das etwas gespenstische Licht, das die Menschen sehr bleich erscheinen ließ, mit dem ein Nachbar in Deindorf abends die Küche beleuchtete.

Am Fahrrad haben die kleinen Dynamos das Karbidlicht verdrängt, intelligente Technik, die uns lehrt, wie viel Kraft die mechanische Umwandlung von Bewegung in elektrische Energie kostet, und Gelegenheiten gibt, Leitungen zu verlegen und korrodierte Anschlüsse zu erneuern, was in der hoch gespannten Hauselektrik die Vorsichtigen dem Spezialisten überlassen. Die neueste Fahrradbeleuchtung ist dümmer geworden: Leuchtdioden mit Batterien oder Akkus, die nachts angesteckt werden.

Nach einer komplizierten Rechnung in meiner Lieblingsausgabe der ›Encyclopaedia Britannica‹, der Dünndruckausgabe von 1911, reizen drei Millionen foot-pounds elektrisches Lichtbogenlicht die Augen sechsmal stärker als das Äquivalent von sechzig Millionen foot-pounds verbranntem Gas. Dabei entsprechen acht Millionen foot-pounds vier Pferdestärken. Kurzum: Wer elektrisch beleuchtet, spart gegenüber jeder Flamme sehr viel Energie.

Das elektrische Licht folgt einem Prinzip, das vor der Erfindung des Kaltlichts die künstlichen Beleuchtungen beherrschte: Etwas wird erhitzt, bis es in Erregung gerät und leuchtet. In den Flammen sind das fast immer winzige Kohlenstoffpartikel, die in Öl, Wachs und Gas enthalten sind. Der Vorteil des elektrischen Lichtes liegt darin, dass der Glühfaden in der Lampe dank des Vakuums, das ihn umgibt, nicht mehr verbrennt. Damit ist der Wirkungsgrad erhöht, aber die Technik ist verkapselt, unzugänglich, sie ist dumm geworden, was wir unter anderem in der kaum ausrottbaren Neigung ihrer Nutzer erkennen, das billige und bequeme Licht, das uns gar nichts mehr sagt, auch dann eingeschaltet zu lassen, wenn wir es nicht brauchen. Die dümmste Beleuchtung ist eine, die den Unterschied von Tag und Nacht aufhebt.

Seit Oberst E.I. Drake 1839 in Pennsylvanien das erste Mal erfolgreich nach Erdöl bohrte, wurde das Licht von Petroleum (»Steinöl« lesen wir noch in alten deutschen Büchern) erschwinglich. Der Markt wurde von Petroleumlampen überschwemmt, die zuerst von Stohwasser in Berlin produziert wurden. Seit 1859, als die erste amerikanische Petroleumlampe patentiert wurde, meldeten Erfinder die nächsten zwanzig Jahre durchschnittlich achtzig Patente für Petroleumlampen-Verbesserungen pro Jahr an. Sie alle basieren auf dem bereits 1784 von Ami Argand erfundenen Ölbrenner, in dem die stinkende, flackernde Flamme der alten Lampe durch einen Runddocht und einen auf eine durchbrochene Galerie um diesen Docht gesetzten Glaskamin zur Weißglut gebracht wird. Diese elegante Lösung, in der die Flamme ihren eigenen Blasebalg in Gang setzt, hat alle modernen Öllampen geprägt. Die oft zähen, gern kristallisierenden tierischen Öle (wie wir aus Hermann Melvilles unvergleichlichem Roman ›Moby Dick‹ wissen, spielte Walöl hier eine zentrale Rolle; in der ›Encyclopaedia‹ von 1911 ist die Sperm Candle noch das Lichtmaß schlechthin) wurden mit Uhrwerken oder Federn zum Brenner gepresst.

Aus dem in großen Mengen verfügbaren Erdöl wurden seit dem

Boom der Bohrungen in Amerika und Russland leichtere Öle gewonnen. Das typische Lampenöl sollte so flüchtig sein, dass es auch in der Kälte noch willig den Docht hinaufstieg, aber so träge, dass sich nicht – wie bei Benzin – bereits die Dämpfe entzündeten. Die Petroleumlampe ist ein intelligentes Ding, das – wenn es funktionieren soll – die Aufmerksamkeit für verschiedene Einzelheiten trainiert: Wer keine vollständige Verbrennung erzielt, riecht das, sieht das, fühlt das spätestens, wenn Rußflocken den Raum durchschweben.

Um eine Petroleumlampe gut leuchten zu lassen, muss das Öl rückstandsfrei verbrennen. Zentrales Hilfsmittel dazu ist der Docht. Er sorgt dafür, dass gerade so viel Öl den Brenner erreicht, dass die Flamme weder hungert noch überfüttert ist: Im ersten Fall funzelt sie, im zweiten stinkt sie und raucht. Gute Dochte enthalten hochwertige, langfädige Baumwolle; Reißwolle ist nicht geeignet. Die Fäden müssen locker versponnen und gewebt sein, mit so wenig Knicken und Verdrehungen wie möglich; sie müssen gut ausgetrocknet sein und den Dochthalter der Lampe ausfüllen, ohne zusammengedrückt zu werden. Der Docht sollte so lang sein, dass er den Boden der Lampe erreicht, und etwa fünf Zentimeter länger.

Sparsame Lampenbetreiber halten sich an das Näher-Motto: langes Fädchen, faules Mädchen. Sie nehmen einen überlangen Docht, damit sie diesen jahrelang nicht wechseln müssen, und schneiden immer nur das verkohlte obere Ende ab. Diese Voraussicht beschert ihnen schlechtes Licht: Da der Docht als natürlicher Filter für die im Öl enthaltenen Unreinheiten dient, verlegen sich die Kapillaren im Lauf der Zeit mehr und mehr. Daher sollte der Docht nicht zu lange verwendet werden. Die Grundregel ist, dass man ihn komplett erneuert, wenn die unteren fünf Zentimeter verbraucht sind, die beim Einziehen lose auf dem Boden des Ölbehälters liegen.

Intelligente Technik ist fast immer auch autonome Technik. Unter diesem Aspekt ist die einfachste Lampe auch die beste, denn sie verlockt zu Experimenten mit unterschiedlichen Brennstoffen, wie sie etwa im Haushalt anfallen. Ich habe schon gemütliche Leseabende mit einer zweidochtigen, kardanisch aufgehängten Öllampe aus Messing verbracht – auf einem Flohmarkt für dreißig Mark gekauft –, die ich mit dem Öl speiste, das von einem Glas eingelegter Artischockenhälften übrig geblieben war und sonst weggeschüttet worden wäre. Als Dochte verwendete ich Stücke alter Tennissocken. Die Flamme roch schwach – aber nicht unangenehm – nach Fritten. Die elaborierte Petroleumlampe hätte mir dieses Experiment verboten; sie macht mich von Lampenöl in Plastikflaschen abhängig, verträgt nicht einmal das billigere Dieselöl von der Tankstelle und würde mit Benzin vermutlich explodieren – ich probiere es lieber nicht.

Eine intelligente Technik, die möglicherweise zu einem tüchtigen Allesbrenner verfeinert werden kann, enthalten die fast vollständig aus dem Gebrauch gekommenen Lötlampen, die mit Petroleum oder Benzin betrieben werden. Sie wurden 1885 von Arthur Kitson erfunden und erzeugen eine heiße Flamme dadurch, dass der Brennstoff unter Druck aus einer Düse austritt und die entstehende Flamme den weiteren Brennstoff so erhitzt, dass dieser gasförmig wird und sie nährt. Aus dieser bläulich brennenden Gasflamme ließ sich mit einer Erfindung helles Licht machen, die viele intelligente Techniker um die Jahrhundertwende beschäftigte: der Glühstrumpf, die Vorahnung des Glühfadens der elektrischen Lampe. Noch heute werden in manchen Großstädten (Wien, Berlin) ganze Straßenzüge durch Glühstrümpfe beleuchtet, die von einer Gasflamme erhitzt werden und ein helles Licht geben. Die Herstellung der Glühstrümpfe war ein heiß umkämpftes Kapitel Industriegeschichte – eines der vielen Beispiele, wie die Intelligenz eines Forscher-Erfinders zu einem Produkt führt, das die meisten Nutzer nur noch kaufen und einsetzen, aber nicht mehr verstehen.

Es begann damit, dass J. P. Gillard die Möglichkeit entdeckte, die fast unsichtbare Flamme von Spiritus- und Wasserstoffbrennern dadurch zu einem Lichtgeber zu machen, dass er die Flamme mit einem Mantel aus Platingaze umgab. Die feinen Drähte glühten und spendeten ein helles, geruchloses Licht; aber nach drei Tagen wurde dieses Licht trüber, das Platin war oxidiert und musste erneuert werden. Platin ist teuer, und obwohl es besser als alle anderen Metalle der Erosion widerstand, war die Lampe nicht für den Alltag geeignet.

Die entscheidende Entdeckung machte Auer von Welsbach während seiner spektrografischen Forschung über eine Reihe bisher wenig erforschter Elemente, die »seltenen Erden«. Er fand heraus, dass ein mit Metallsalzen getränkter Baumwollfaden, den er erhitzte, viel besser leuchtete als ein dünner Platindraht, der in die Salzlösung getaucht worden war. Die feuchten Salze verbanden sich, sobald der Faden in der Hitze verbrannt war, zu einer festen Masse. Aus Baumwolle ließen sich billige Netze machen und mit ebenfalls relativ billigen Salzen tränken. 1885 ließ Welsbach seinen ersten Glühstrumpf patentieren. Er wurde in den nächsten Jahren durch immer neue Versuche mit anderen Salzmischungen verbessert, bis klar war, dass Thorium mit einer kleinen Zugabe von Cerium alle anderen seltenen Erden (als da sind Zirkonium, Cerium, Lanthanium, Yttrium) weit übertrifft: Es schrumpft nur sehr wenig, es verbrennt nicht.

Diese Erfindung, die ebenso oft verbessert wurde wie der erste Faden in einer elektrischen Lampe, hat das Gasglühlicht durchgesetzt und mit ihm die Abhängigkeit der Beleuchtung von einem Netz der Energiezufuhr, fast immer die Voraussetzung einer dummen Technik. Das elektrische Licht hat daran nur wenig geändert. Die gegenwärtig erprobten Formen der Solar- und Windenergie enthalten verheißungsvolle Anfänge, wieder etwas mehr Intelligenz in das verdummende System der großen Energiekonzerne zu bringen. Wie dumm solche Systeme sind, zeigt sich nicht zuletzt darin, dass sie durch den Größenwahn des eigenen »Versorgungsauftrags« zu untragbaren Risiken bewogen werden. Können wir eine Technik, die uns für ein wenig Licht mit Abfällen versorgt, die noch in zehntausend Jahren unsichtbare und potenziell tödliche Strahlen aussenden, intelligent finden?
→ *Feuerzeug,* → *Herde und Feuerstellen*

O

Der faule Obstgarten

Ich verstehe nur so viel vom Obstanbau, dass ich mit den rund dreißig Bäumen in dem alten Wirtshausgarten von Hagenbuch einigermaßen zurechtkomme. Weil es aber überhaupt keine Anleitung dazu gibt, wie man, ohne sich viel mit seinen Obstgehölzen zu beschäftigen, dennoch einen solchen Baumgarten pflegen und genießen kann, will ich hier einiges ausplaudern.

Unser Nachbar, ein alter, kluger und zynischer Bauer (der Zynismus mag damit zusammenhängen, dass er Krieg und Gefangenschaft in Sibirien überlebt hat), schüttelte den Kopf, als er hörte, wir seien aus München und würden das Haus in Hagenbuch (bei Hilpoltstein in Mittelfranken) nur am Wochenende nutzen. Dann lachte er und sagte, wir sollten doch den Obstgarten zubetonieren und grün anstreichen. Wir waren damals noch zuversichtlich, dass wir einen Nachbarn finden würden, der dankbar wäre, wenn wir ihm anböten, das Gras unter den Bäumen zu verfüttern. Aber der Alte glaubte das nicht. »Die Jungen können nicht mehr mit der Sense mähen«, sagte er. »Und die Alten wie ich, die mögen nicht mehr, ich bin schon in Rente. Bisher hat es die Nachbarin von oben gemacht, aber ich glaube nicht, dass die noch will. Die haben letztes Jahr die Kühe abgeschafft.«

Wir fragten die Nachbarin von oben. Sie sagte nicht eindeutig Nein, aber auch nicht ganz bestimmt Ja. Wenn man mit dem Schlepper hineinfahren könne, dann sei das eine andere Sache. Sie werde es nächstes Jahr entscheiden, wenn sie den Winter überlebe, man wisse ja nicht. Im Frühling war klar: Sie würde nicht kommen.

So verbrachte ich in den nächsten Jahren einige Zeit damit, Gras mit der Sense zu mähen und es mit dem Rechen unter die Bäume zu schaffen, wo es faulen und die Wurzeln düngen sollte. Über diese primitive Methode hatte ich nirgends etwas gelesen, aber sie lag nahe.

Ich hatte keinen anderen Dünger, wollte keinen kaufen – das Obst reichte auch in den obstarmen Jahren für unseren Haushalt – und musste das gemähte Gras entsorgen.

Das Mähen mit der Sense ist eine meditative Beschäftigung, wenn das Gras gut steht und noch nicht zu hart ist, etwa im Mai und im Juni. Schritt für Schritt schreitet der Mäher durch die taufeuchte Wiese, legt in gemäßigtem Schwung einen Bogen Halme nach dem anderen um, beobachtet die fliehenden Frösche und die tanzenden Schmetterlinge, die Blütenpflanzen, die unterschiedlichen Formen der Gräser und der Blattpflanzen – Sauerampfer, Hahnenfuß, Löwenzahn, Glockenblume, krauser Ampfer, Frauenmantel. Er denkt oft an die alten Flächenbezeichnungen »Morgen« und »Tagwerk«; demnach bezwang ein geübter Mäher früher dreitausend Quadratmeter an einem halben Tag.

Der Obstgarten hat ungefähr diese Fläche, aber ich wurde niemals an einem Tag damit fertig, ich nahm mir heute dieses Stück, morgen jenes vor, denn ich wollte nicht verbissen arbeiten, sondern nur so lange mähen, wie die Sache Freude machte.

Aber es gab Stellen, da machte es nie Freude, verfilzte Plätze mit hohen Ameisenhaufen, wo die Sense nie ihren Schwung zischend behielt, sondern entweder zu hoch die Halme nur bürstete oder zu tief in einer Sode stecken blieb. Da ich meist nur einmal, höchstens zweimal im Jahr die ganze Fläche mähte, wurden die Unebenheiten auch größer, die Wiese buckliger. Der Nachbar sagte, das sei unvermeidlich, auf seinen Wiesen zerschlage der Kreiselmäher alle Unebenheiten; hier aber würden sie sich von Jahr zu Jahr vergrößern. Im Obstgarten könne man das nur vermeiden, indem man das Gras kurz halte, es jeden Monat mähe, die Maulwurfshügel und die Ameisenhaufen zerstöre, ehe sie sich durch die eingewachsenen Wurzeln verfestigen könnten.

Aber Geduld ist ein Nebenprodukt der Faulheit und in besserem Ruf als sie. Man muss Geduld haben mit den Hügeln, sie lassen, um sie herummähen, und irgendwann wachsen sie nicht mehr, sondern bleiben, wie sie eben sind. Die ungedüngten Bäume werden alle paar Jahre an freundlicheren Wintertagen ein wenig beschnitten, trockenes Holz wird entfernt, mit dem man einschüren kann, allzu dichtes Geäst gelichtet – ein Vogel soll durch die Krone fliegen können, heißt es. Verwachsene Grundformen lassen sich nur in Maßen korrigieren; selbst gepflanzten Nachwuchs hingegen kann der Baumgärtner erziehen, wie er es für richtig hält.

Ich habe den Eindruck, dass meine Bäume unter dieser geringen Fürsorge gut gedeihen. Der Zwetschgenbaum vor der Garage kümmerte; jetzt ist seine Krone dicht und grün. Sogar ein Boskop, der unten ziemlich hohl ist und dem ich vor zehn Jahren keine zwei mehr gab, hat sich erholt, die Krone ist wieder rundlich, seit ich die dürren Äste entfernt habe. An den zwei Hochstämmen, deren Krone das Scheunendach überragt, mache ich gar nichts mehr, sie sind zu hoch und zu verwachsen. Einem hat der Sturm einen Ast geraubt, der dick war wie anderswo ausgewachsene Bäume. Aber die Wunde ist verheilt, und trotz eines ausgefaulten Astrings, aus dessen Moder ich neulich einen Holunderjährling zog, der anfing in dem Apfelbaum zu wurzeln, trägt einer der Riesen jedes Jahr eine Unmenge dicker Ontario-Äpfel – das ist eine bläulich betaute, lagerfähige Sorte, die im Geschmack dem Boskop gleicht.

P

Pfusch

Eine moderne Hilfe für den Schreiber ist die kleine Suchmaschine im Textprogramm. »Hast du schon über Pfusch geschrieben?«, fragt sich der Autor. Er hat sich dazu schon öfter Gedanken gemacht, zuletzt auf einer Tagung, wo er etwas über die Kreativität in der Psychotherapie vortragen sollte. Er hat dazu auch etwas aufgeschrieben – aber wo?

Also ruft er den wundertätigen Such-Dschinn in seinem Schreibprogramm – ein Tastendruck genügt – und der eifrige Sklave findet im Nu aus 46 785 Wörtern zweimal das Wort »Pfusch«, beide Male in einem abwertenden, negativen Zusammenhang.

»Pfusch« ist also auch für ihn erst einmal ein Begriff, mit dem sich der gute Leistungsträger vom Minderwertigen absetzt, Pfusch ist etwas, das nicht funktioniert, schnell kaputtgeht, nicht nach den Regeln der Kunst gemacht ist.

Der Sinn dieses Stichworts ist, den Pfusch zu differenzieren. Denn keineswegs immer funktioniert schlechter, was nicht nach den Regeln der Kunst gemacht ist.

Mein erstes Beispiel dafür ist das Gasseil in meinem VW Käfer, Standardmodell von 1960, mit unsynchronisiertem Getriebe. Von wegen deutsche Wertarbeit! Er rostete an verborgenen Stellen, bis die Karosserie faustgroße Löcher hatte, und alle zwei Jahre ging der Auspuff kaputt (gottlob war das Teil billig und mit einiger Mühe auch selbst anzuschrauben). Einmal wollte ich an der Ampel losfahren. Auskuppeln, Gas – aber das Pedal zeigte keinen Widerstand, der Motor keine Reaktion. Heckklappe auf, Störungssuche. Das Gasseil war dicht am Vergaser gebrochen.

Ich kaufte mir nach kurzem Überlegen für fünfzig Pfennige eine Lüsterklemme. Werkzeug hatte ich dabei. Mithilfe einer Kombizange und eines Schraubendrehers gelang es mir, die zerfransten Enden des

117

Gasseils in die Öffnungen der Klemme zu stecken. Dann schraubte ich die kleinen Messingschrauben der Klemme fest zu und fuhr weiter.

Es war Pfusch, die Lüsterklemme am Vergaser sah lächerlich aus, ich gab dem Provisorium keine Lebenschance, nächste Woche würde ich in der Werkstatt ein neues Gasseil einziehen lassen.

Aber die Reparatur hielt. Ich riskierte es, mit ihr zu fahren – einmal geflickt, wieder geflickt, ich wusste jetzt, wie ich wenigstens bis zur nächsten Werkstatt kam, wenn die Klemme nicht gut hielt. Wenn das Seil noch einmal brach oder aus der Klemme rutschte, konnte ich es immer noch auswechseln lassen.

Den Käfer habe ich noch vier Jahre gefahren und dann für einen neueren in Zahlung gegeben. Das Gasseil machte nie Probleme. In dem Größenwahn des erfolgreichen Bastlers dachte ich: Die Lüsterklemme hält noch, wo ein neues Gasseil vielleicht schon wieder gebrochen wäre.

Als mir ein dicht beim Haus aus der Erde stechendes, wohl von altem Bauschutt stammendes Rundeisen beim Mähen eine Scharte in die Sense machte, legte ich sie beiseite und mühte mich aus Leibeskräften, das Eisen aus der Erde zu reißen. Es gelang nicht und ich überlegte schon mit Pickel und Schaufel wiederzukommen, als der alte Nachbar hinzutrat. Er war ein drahtiger Mann, der Stumpen rauchte und einen zynischen Humor hatte. Jetzt zog auch er einmal energisch an dem Eisen – er wäre kein Mann gewesen, hätte er darauf verzichtet –, bog dann die Spitze um und begrub sie mit einem kräftigen Tritt in der Erde. Das Problem war gelöst, ich konnte fertig mähen. Er verabschiedete sich mit einem Witz: »Bled derfst scho sei, aba heafa muasst dir kenna!« Hochdeutsch heißt das: »Blöd darfst du sein, aber helfen musst du dir können!«

Lange Zeit wäre das, was ich seit 1970 nach einem Diplom in Psychologie und einer Zusatzausbildung tat, als »Kurpfuscherei« strafbar gewesen. Denn im 19. Jahrhundert hatten in den meisten zivilisierten Ländern die Mediziner ihren Anspruch rechtlich durchgesetzt, dass nur sie und niemand sonst Kranke behandeln darf. So arbeiteten die psychologischen Therapeuten als »Pfuscher«. Sie wurden toleriert, weil es zu viele von ihnen gab, manchmal gab es Anzeigen (eine davon veranlasste Sigmund Freud zu seinem Essay über die ›Laienanalyse‹), aber in Deutschland hat erst das Psychotherapeutengesetz, das 2000 in Kraft trat, die »Pfuscher« endgültig den Ärzten gleichgestellt.

Wenn ein Pfuscher Erfolg hat, nennen wir ihn originell. Wenn er scheitert, haben wir schon immer gewusst, dass es so nicht geht. Im zu Recht abschätzigen Sinn nennen wir eine Arbeit »Pfusch«, die mit verlogenen Versprechungen arbeitet: Das neue Dach ist nicht dicht, die Mauer ist aus dem Lot, beim Ölwechsel an der Tankstelle wurde der Filterwechsel »vergessen«. Aber in der Sprachtradition gehört der Pfusch zur Zunft und seine Bedeutung war oft rassistisch. So verlegten sich Juden und Zigeuner, denen der Weg in das zünftige Handwerk versperrt war, auf Reparaturarbeiten, die den Zünften verwehrt waren – diese wollten ja, wie die meisten Handwerksbetriebe bis heute, vor allem neue Produkte verkaufen.

Bei den ärmeren Schichten und den Bauern waren die reisenden »Pfuscher« hochwillkommen. Sie arbeiteten mit beträchtlicher Fertigkeit. So trugen sie dazu bei, dass Dinge erhalten blieben und funktionierten, die wir heute längst aufgegeben hätten. Sie flickten Kochtöpfe aus Kupfer, verzinnten sie, sie machten Scheren und Messer wieder gebrauchstüchtig und reparierten zerbrochene Tonschüsseln oder Backformen mit kunstvoll geflochtenen Drahtnetzen. Wer altes Gerät sammelt, sieht in dieser Arbeit der »Pfuscher« ganz bestimmt keine Minderung ihres Werts.

Während aus der europäischen Perspektive die Pfuscher klägliche Gestalten sind, die etwas unfachmännisch machen, was jeder unterrichtete und korrekte Mensch einem Fachmann anvertraut, sind global gesehen die Pfuscher weit in der Überzahl. Wer von den zahllosen Männern und Frauen, die in den armen Ländern Schuhe flicken, Autos wieder in Gang setzen, Fahrräder oder Radios reparieren, hat sein Handwerk korrekt gelernt? Wer hat dem Mann im Basar von Marrakesch beigebracht, aus alten Autoreifen Handtaschen, Maurereimer, Sandalen und sogar Aschenbecher zu machen? Woher weiß der Junge in Kairo, wie man Einwegfeuerzeuge noch einmal und noch einmal füllt?

Wer angesichts der unzugänglichen, hoch entwickelten Spezialistendinge nicht verzagen und verdummen will, braucht den Mut des Primitiven – »blöd darfst du sein, aber helfen musst du dir können!«.

119

Und als er sich helfen konnte, da war er auch nicht mehr blöde. Wenn etwas kaputtgeht und es leicht ist, Ersatz anzuschaffen, halten es wohl die meisten Menschen für normal, das kaputte Ding wegzuwerfen und ein neues zu kaufen. Es war und ist nicht Einsicht, sondern Armut, welche die bewundernswürdigen Reparatur- und Wiederverwertungsfertigkeiten entfaltete, denen wir in Asien und Afrika begegnen und die auch Teil unser eigenen Tradition der Drahtflechter, Kesselflicker, Flickschuster und Störschneider sind.

Worum es mir geht, ist die Differenzierung zwischen gutem Pfusch und schlechtem Pfusch, zwischen schönem und hässlichem, würdevollem und beleidigendem Pfusch, kurz zwischen einer durchdachten und haltbaren nicht fachmännischen Arbeit und einer, die nur scheinbar Nutzen bringt, in Wahrheit aber den Schaden vertieft.

Wer alte Möbel restauriert, kann viel von diesen Unterschieden erkennen, denn Möbel haben oft mehrere Reparaturversuche hinter sich, von denen manche sogar erhaltenswert sind, andere aber das Überleben des Stücks gefährden. Wer beispielsweise bei einer Reparatur in Holz einfache Drahtstifte (der Laie sagt »Nägel« zu ihnen, aber Nägel sind geschmiedet) oder Schrauben aus Eisen verwendet, richtet Schaden an, denn diese rosten und zerstören nicht nur sich selbst, sondern auch das Holz in ihrer Umgebung.

Aber die Teekanne mit dem zerbrochenen Schnabel, der durch eine kunstvolle Bandage aus Kupferblech ersetzt ist, die Tonschüssel, deren Sprung gekittet und mit einer durch kleine Bohrlöcher geführten Drahtnaht stabilisiert ist, der Tisch mit dem kunstgerecht eingeleimten Bein, die neu verdübelte Armlehne des Sessels?

Mein langjähriger Lektor und Freund Hermann Gieselbusch hat mir einmal gesagt, ich würde zu animistischem Denken neigen und sollte mir entsprechende Metaphern gut überlegen, weil nicht alle Leser etwas damit anfangen könnten. Ich muss öfters an diesen Hinweis denken – er trifft etwas. Ich habe tatsächlich ein manchmal magisches Verhältnis zu Dingen, freue mich an ihnen, trauere ihnen nach, fühle etwas wie Retter- und Helferglück, wenn ich ein verachtetes, ungepflegtes, verrostetes Ding vor dem Verfall retten und wieder zu einem Teil seines früheren Glanzes zurückführen kann.

Marx hat vom Fetischcharakter der Dinge (Waren) im Kapitalismus gesprochen. Er hatte das kärgliche Wissen seiner Zeit um die Religion der schriftlosen Kulturen, die als Fetischismus und Animismus im kolonialistischen Denken erscheinen. Werden da Dinge angebetet und wie Götter verehrt?

Wer die animistischen Kulturen achtet und versucht sie in ihrer ganz andersartigen Struktur zu verstehen (ein Vordenker ist hier Claude Lévi-Strauss gewesen), der erkennt anderes und viel mehr. Der Dünkel der theologisch »fortgeschrittenen« Kulturen – der Juden, Christen und Muslime – über die »Götzenanbeter« gehört in den Bereich des kannibalischen Narzissmus. Sie werten bei den Animisten ihre eigene, dauernde Gefährdung ab, dass ihr Glaube leer und formelhaft wird, dass er sie nicht mehr inspiriert und folgerichtig auch ihr Bild der Welt rein praktisch, zweckmäßig, ohne Gefühl und ohne Spiritualität wird.

Für den Animisten ist Spiritualität näher und gegenwärtiger, aber auch emotionaler und viel stärker in Beziehungen zu Lebenden und Toten eingebunden. Natürlich »weiß« er, dass die Ahnenfigur, die er schnitzt, ein Stück Holz ist, aber sie ist auch der Vater. Wenn er sie mit Palmwein oder Hühnerblut ehrt, dann ehrt er den Ahnen; dieser wird ihn unterstützen. Wenn der Ahnengeist das nicht genügend tut, kann er die Figur prügeln oder einen Nagel in sie schlagen, um sie an ihre Pflicht zu erinnern. Die Götter der Animisten sind menschlicher als unsere, man kann sie auch strafen, wenn sie nicht genug tun. Es gibt keinen gedruckten Kodex, kein Buch, keine theologische Zunft, keinen Priester, keine Moschee, sondern nur Menschen, Eindrücke, Gefühle, Einsichten, Erinnerungen und Dinge, die beides verbinden.

So ausgerüstet, können wir den Pfusch einem animistischen, die fachmännische Arbeit einem hierarchischen oder autoritären Denken zuordnen. Das Übermaß des Ersten führt ins Chaos, das Übermaß des Zweiten in die Starre. Wer unter der Engstirnigkeit des Autoritären lange genug gelitten hat, begeistert sich für die Anarchie; wem die Anarchie zu chaotisch wird, der ruft nach den Segnungen der Disziplin.

Wir leben heute in einem extrem sicheren und extrem autoritären System. Wir haben die Anarchie abgespalten, in die Fantasiewelten der

Computerspiele und der Vorabendserien verlegt, wo nach Herzenslust Gesetze gebrochen und Emotionen ausgelebt werden, die den Konsumenten für seinen ereignislosen Tag entschädigen.

Der Pfusch hingegen, diese animistische Bastelanarchie, ist kreativer als die Hochglanzzeitschrift über das schöne Wohnen, das Videospiel oder das Surfen im Web.

→ *Draht,* → *Puppenwirtschaft*

Plastik

Das Wort hat verschiedene Bedeutungen:

1. Ein dreidimensionales Kunstwerk, zum Beispiel eine Statue, ein Relief. Dabei wird oft nicht einmal zwischen Skulptur und Plastik im engeren Sinn unterschieden. Eine »Grabplastik« kann ebenso ein Bronzeguss nach einem Gipsmodell wie eine Skulptur sein, die mit Hammer und Meißel aus einem Steinblock herausgearbeitet wurde.
2. Plastik im Gegensatz zu Skulptur: dreidimensionale Arbeit, bei der mit weichem, klebrigem Material (wie Gips, Wachs, Ton, Mörtel, Papierbrei) gearbeitet wird. In der Plastik kann man durch Wegnehmen wie durch Hinzufügen arbeiten. Um das Kunstwerk haltbar zu machen, wird entweder das weiche Material gehärtet (zum Beispiel Ton durch Brennen, Mörtel und Papierbrei durch Trocknen) oder aber nach diesem Modell eine dauerhafte Übersetzung gefertigt, beispielsweise durch Metallguss.
3. »Kunststoff«, das heißt eines der zahlreichen Materialien, die in den letzten beiden Jahrhunderten entwickelt wurden. Sie können in der Regel unter dem Einfluss von Hitze verformt werden, behalten dann aber über einen weiten Bereich von kalten, normalen bis relativ hohen Temperaturen ihre Gestalt.

Plastik ist vielleicht das wichtigste Material unter den dummen Dingen. Es ist das typische Industriematerial, das häufig seine Herkunft verschleiert und nicht nur für Verkleidungen gebraucht wird, sondern auch selbst seinem innersten Wesen nach Verkleidung ist. Geboren ist Plastik aus dem Wunsch nach Fälschung, nach Betrug.

Eines der ältesten Plastikmaterialien sind die im 19. Jahrhundert entwickelten »Bernsteinperlen« aus gelbem Kunstharz, mit denen die Nomaden der Wüste von den Industriestaaten hereingelegt wurden; ungefähr zeitgleich überschwemmten »Korallenperlen« aus rotem Zelluloid den Markt. Heute imitiert Plastik alles. Nur noch ausgewählte, extrem teure Geräte – Staubsauger, Radios, Fotoapparate oder Computer – haben noch Gehäuse aus Metall. Aber die Plastikteile sind oft »metallisiert«.

Nun wäre es sehr naiv, Plastik in Bausch und Bogen zu verdammen und das Hohelied der Naturmaterialien anzustimmen. In jedem einzelnen Fall sollte man prüfen, was wirklich besser ist, gebrauchstüchtiger, umweltschonender, schöner, intelligenzfördernder. Leder oder Skai? Pelz oder Plüsch? Messing oder Polystyrol? Leinen oder Cordura? Baumwolle oder Nyltest?

Plastik ist selten überlegen und oft schlechter; es verführt zu reparaturungünstigen, undurchschaubaren Konstruktionen, zur Ex-und-hopp-Mentalität. Ein zerbrochener Stuhl aus Holz lässt sich relativ leicht reparieren oder, wenn das nicht geht, verheizen. Ein zerbrochenes Exemplar der Monobloc-Gartenstühle, die sich in den letzten Jahren wie die Algenpest im Mittelmeerraum ausgebreitet haben, lässt sich vielleicht in einer Fabrik recyceln, liegt aber zunächst meist unverwüstlich auf einer der wilden Müllkippen. Wer Plastik verbrennt, weiß nie, was er damit der Atemluft antut.

Plastik ist insofern eines der dümmsten Materialien, weil es geeignet ist, perfekt alle Spuren zu verwischen, aus denen wir bei anderen Stoffen viel über die Geschichte und Machart eines Dings erfahren. Wer mit Holz oder Naturstein arbeitet, kann gar nicht anders, als sich über die unterschiedlichen Eigenarten dieser Materialien Gedanken zu machen. Er muss an Wind und Wetter denken, an Feuchtigkeit, an Möglichkeiten der Reparatur. Wer ein Plastikteil entwirft, bewegt sich in reiner Abstraktion; die Fähigkeiten einer Spritzgussmaschine ersetzen seinen Kontakt mit dem Material.

Die Menschheit hat schon sehr lange den Weg beschritten, über den sich Michelangelo und später Sigmund Freud empörten: Sie bevorzugt die Kunst des Hinzufügens und entwertet die Kunst des Wegnehmens. Die alten Bautechniken gingen davon aus, Holz oder Steine so zu bearbeiten, dass sie sich in einer Weise zusammenfügten, wie es für den Sinn des Ganzen beabsichtigt war. Die Entwicklung von einfacheren, im Grunde primitiveren Lösungen setzte früh ein und erregte ebenso früh berechtigten Argwohn. (So wird in der Genesis gefordert, den Opferaltar aus unbehauenen Steinen zu machen.)

Die ältesten Steinmauern Griechenlands oder Südamerikas sind polygonal. Jeder Stein wurde individuell zu jedem anderen gefügt; das ästhetische Bild war bezaubernd. Keine spätere Steinmauer kommt diesen Frühwerken gleich, von denen schon bald die Sage ging, sie seien nicht von Menschen, sondern von Halbgöttern (den Kyklopen in Griechenland) gemacht. Die rechteckig zugehauenen Steine sind ein erster Beleg für den Ungeist der Sklaverei: Solche Steine können wie am Fließband von wenig ausgebildeten Arbeitern gefertigt werden, sie passen überallhin, sie haben keine Individualität und führen dazu, dass die komplexen Fähigkeiten des räumlichen Sehens und der damit verknüpften Fertigkeiten der Steinmeister verkümmern.

Die Griechen vertrauten auf ihre Steinmetzkunst. Sie verzichteten oft auf Mörtel; nur Bronzeklammern, mit Blei eingegossen, hielten empfindliche Stellen ihrer Bauten zusammen. Mit den Römern gewann ein Element an Macht, das die Plastikmaterialien auf die Spitze treiben. Die Architektur wird von beliebig verformbaren Stoffen geprägt; Naturstein vom konstruktiven zum dekorativen Element degradiert. Ziegelbauten werden mit Mörtel verschmiert und mit Steinplatten verkleidet. Im Norden lässt sich der Siegeszug des Ziegelhauses über Blockhaus und Fachwerkbau ähnlich deuten. Im klassischen Fachwerk dominiert das sorgfältig bearbeitete und verzapfte Holz, das über den Steinfundamenten auf Ständern die Dachkonstruktion trägt. Wände – das Wort kommt von den gewundenen, geflochtenen Weidenzweigen, welche in den Gefachen die Lehmfüllungen stabilisierten – sind sekundär, sie wurden nachträglich eingefügt, die Kunst des Wegnehmens hatte den Vorrang vor Putz und Mörtel.

Ich bin überzeugt, dass die Kunst des Wegnehmens einen höheren Rang hat als die Kunst des Hinzufügens. Sie kräftigt nicht nur unsere Hände, sondern auch unseren Geist. Sie fordert von uns, uns vorzustellen, dass ein Ziel erreichbar ist, indem mit ganz einfachen Mitteln, mit Ausdauer, Intelligenz und Folgerichtigkeit alle Hindernisse aus dem Weg geräumt werden. Wenn du eine Statue machen willst, nimm ein geeignetes Stück Stein oder Holz und meißle alles weg, was nicht diese Statue ist.

Schließlich hast du sie gewonnen; sie ist fast zwangsläufig ein Ausdruck deiner Person, ein Einzelstück. Nebenbei hast du auch gelernt, dass ein wesentlicher Teil der Kunst darin liegt, rechtzeitig aufzuhören. Wer seine Sehnsucht nach Perfektion nicht zügeln kann, gewinnt oft nicht die von ihm gesuchte Gestalt, sondern zerstört etwas schon Erreichtes. Auf dem Weg des Wegnehmens gibt es eine Grenze, die nicht überschritten werden darf, ohne etwas nicht Wiedergutzumachendes zu bewirken. Diese Situation ist derart lebensnah und lehrreich, dass wir eigentlich jedem Menschen, den wir schätzen – vor allem unseren Kindern – sooft wie möglich und in allen erdenklichen Variationen zeigen müssten, wie sie beschaffen ist.

Die Kunst des Hinzufügens hingegen leistet allen Verwöhnungen Vorschub. Fehler können überkleistert werden, die reine Addition führt zu einem eindrucksvollen Machtgewinn. Sie erzieht uns dazu, Fehler nicht ernst zu nehmen und Ansprüche zu entwickeln, dass jeder Mangel übertüncht, durch einen zweiten Druck auf die Tube ungeschehen gemacht werden kann. In der Plastikwelt hat sich diese Beliebigkeit multipliziert. Sie kulminiert in Dingen im verschweißten Plastikmantel, die nur funktionieren oder Müll sein können; es ist unmöglich, sie zu reparieren, von ihnen etwas zu lernen, in ihr Inneres einzudringen.

Plastiktüte

Stille Hochebenen auf Zypern oder in Mexiko sind von zerfetzten Plastiktüten gesprenkelt. Je ärmer das Land, desto seltener muss für die Tüte bezahlt werden, desto verschwenderischer wird sie ausgegeben und fortgeworfen.

Das Material ist weder dumm noch intelligent. Hoffentlich brennt es, ohne Gift zu hinterlassen, und zerfällt im Sonnenlicht oder unter der Erde, ohne Schaden zu stiften. Ich habe während der ausgehenden Hippie-Epoche einen Mann gekannt, der schöne Jacken aus Plastiktüten schneiderte, klebte und nähte. Auch als Not-Handschuh, wenn du (auf dem Motorrad) vom Regen überrascht wirst, sind sie nicht zu unterschätzen.

Auf einer blauen Plastiktüte, in die ein Händler auf dem Markt von Borgo San Lorenzo meine Einkäufe packte, steht folgender Text:

Sono il tuo shopper di plastica
Porto le tue spese
Acompagno i tuoi rifiuti
AMAMI!
Non abbandonarmi dove capita.
Sono nelle tue mani!

Zu Deutsch:
Ich bin dein Shopper aus Plastik
Ich trage deine Einkäufe
Ich begleite deine Abfälle
LIEBE MICH!
Lass mich nicht im Stich, wo es dir passt.
Ich bin in deinen Händen!

Es geht noch weiter mit den Erklärungen: Mich zu benützen vermeidet den Verbrauch von Stoffen, die nützlicher und wertvoller sind, wenn man sie der Natur belässt. Ich bin leicht, wirtschaftlich, brauche wenig Platz und bin auch stark und widerstandsfähig. Du kannst mich viele Male benutzen. Ich bin hygienisch, vertrage mich gut mit Nahrungsmitteln und beschütze sie liebevoll. Ich verschmutze nichts und entwickle keine giftigen Stoffe oder Gase, auch wenn ich verbrannt werde. Ich bin zu hundert Prozent recycelbar.

Nach einer Jemen-Reise muss ich dem Plastiktüten-Lemma noch hinzufügen, dass dort das von achtzig Prozent der Jemeniten benutzte Rauschmittel Kath in Plastiktüten vermarktet wird. Diese werden dadurch sozusagen universell, was angesichts der begeisternden Landschaft und der fast unverändert mittelalterlichen Oasenstädte zur Pointe gerät.

»Steht der Wüstenstrauch in Blüten?

Nein, es sind Fetzen blauer Tüten!«

Hier ist die Plastiktüte Geldbörse, Brieftasche, Tresor. Sie baumelt im Jeep am Schaltknüppel und schützt die Musikkassetten vor dem Staub, sie hängt am Griff des traditionellen Krummdolches und birgt die Ausweispapiere, schwarz verschleierte Damen wickeln kurz vor dem Einkauf ihr Geld aus einer braunen Plastiktüte. In den Läden des Basars liegen die Händler wie Drachen auf großen Haufen kunstvoll ineinander verschachtelter und miteinander verknüpfter Plastiktüten. Sie kauen Kath. Wenn ein Geschäft gemacht werden soll, inschallah, zaubern sie aus diesen verknäulten und verknoteten Plastiktüten Kostbarkeiten an Silber, Korallen, Weihrauch, Kupfer und Bernstein.

Psychoanalyse

Zu einem dummen Ding wird die Psychotherapie in den vielen Fällen, in denen sie Menschen anleitet, nicht mehr ihre (kränkende) Störung zu sehen, sondern diese mithilfe der therapeutischen Wörterbücher unangreifbarer zu formulieren. Die schwere Kindheit, das sexuelle Trauma, das Mobbing am Arbeitsplatz können in einer Therapie zwar durchaus so bearbeitet werden, dass die Betroffenen ihre Opferrolle verlassen und ihr Leben anpacken. Die Therapie kann solche Störungen aber auch vertiefen und wirksame Hilfe blockieren. Das geschieht dann, wenn der Therapeut, um seine Dienste besser vermarkten zu können, kränkende Einsichten ersparen will. Da er dann nichts ausrichtet – die Eltern nicht besser, die Sexualpartner nicht liebevoller, die Kollegen nicht kollegialer werden –, muss der Anbieter solcher Verdummungen Sündenböcke finden, um sich selbst aus dem Feuer zu nehmen: eben jene schlechten Eltern, miesen Sexualpartner, bösartigen Chefs, die der kannibalische Narzissmus seines Klienten geschaffen hat.

Die Institution des Psychotherapeutenberufs ist der Punkt gewesen, an dem die Schärfe der analytischen Einsicht stumpf werden musste. Wer einen Beruf ausübt, denkt und forscht in den Richtungen, die seinen Beruf legitimieren und seine ökonomische Basis sichern. Keiner der Berufspsychoanalytiker hatte den kulturkritischen Biss des Gründers; bereits seine engsten Weggefährten haben ihn beschworen, seine religionskritische Schrift »Die Zukunft einer Illusion« nicht zu veröffentlichen. Sie fürchteten Schaden für »die Psychoanalyse« – als Beruf, versteht sich.

So hat die Psychoanalyse den Widerspruch zwischen Trieb und Kultur aufklären können, wie er sich in der ersten Phase der Industrialisierung abbildete: einen Amok des Sparens und der inneren Unterdrückung im Dienst der großen Ziele des Fortschritts. Aber sie konnte nicht erkennen, dass ihre eigene Methode den Widerspruch der zweiten Phase der Industrialisierung nicht klärt, sondern ausdrückt.

Auch ihre Berufspolitik hat sich konformistisch zu dieser zweiten Phase entwickelt. Daher haben fast alle Psychoanalytiker den ursprünglichen, kulturforschenden und kulturkritischen Impuls Freuds aufgegeben: Als große Familie regredierte die psychoanalytische Bewegung in die Beschäftigung mit der Kleinfamilie; ihre eigene Institutionalisierung ließ sie den skeptischen Blick auf die Institutionen um sie herum verlieren.

Wenn ich die Psychoanalyse kritisiere, muss ich sie auch verteidigen: Indem sie mir, einem Psychoanalytiker, solche Selbstkritik ermöglicht, drückt sie eine Souveränität und einen Grad der Reflexion aus, zu dem viele andere Therapieformen, die sich als fortschrittlicher und besser auf dem Markt präsentieren, keinen Zugang haben. An diesen kann ich dann gar nichts mehr finden, nicht einmal etwas zu kritisieren.

Die Psychoanalyse möchte den Symptomen auf den Grund gehen. Das macht sie unendlich wertvoller als alle Neuro-Programmierungen, die schon mit sich zufrieden sind, wenn sie nur ein Symptom wegsuggeriert haben. Sie weiß, dass wir nichts von der Behandlung einer seelischen Störung verstehen, wenn wir so tun, als spielte die Beziehung zum Gestörten keine Rolle. Der Widerstand gegen das Wissen und die Übertragung der verletzten Liebe sind Modelle der Auseinandersetzung mit menschlichen Entwicklungsstörungen, auf die ich nicht verzichten kann und will.

Puppenwirtschaft

In ihren Höhlenwerkstätten sitzen Männer vor kärgstem Mobiliar: ein Amboss aus einem großen Stück Autoschrott, ein pedalgetriebener Schleifstein, ein Hackstock, eine Drechselbank aus zwei Holzklötzen mit einer Eisenstange als Auflage und einem mit Schnur lose bespannten Bogen als Antrieb, ein Podest aus Brettern und Nägeln, ein Petroleumkocher. Den Boden bedecken Abfälle: Blechstücke, Lederstreifen, Holzspäne. Eine mit Plastiktüten schmutzgeschützte, zusammengefaltete Decke ist der Sitz, die Höhlenwand oder ein Haufen Material die Lehne. Oft arbeiten auf den drei oder vier Quadratmetern Werkstatt drei Personen.

Der Kesselflicker hat ein oder zwei Kupferkeile an langen Eisengriffen in einer kleinen Gasflamme liegen. Dazu braucht er noch eine Blechschere, einen Topf mit Säure, eine Stange Weichlot. Hinter ihm, neben ihm türmen sich zerbeulte Kannen und Wasserpfeifen. Manche sind aufgeschnitten und zerstückelt; aus ihnen gewinnt er die Materialien für seine Prothesen. Der Instrumentenbauer haut mit einem kleinen Querbeil in ganz langsamen, vorsichtigen und sehr genauen Schlägen die Rundung der dreisaitigen, auf dem Knie gespielten Viola aus einem einmal gespaltenen, schenkeldicken Eukalyptusscheit. Danach höhlt er den Klangkörper mit einem Hohldexel, der einem geschärften Löffel an einem Axtstiel gleicht, in ebenso bedächtigen Hieben aus. Er sitzt am Höhleneingang im besten Licht, der Gehilfe, der die Holzform mit Sandpapier schleift, sitzt weiter hinten.

Auch der Trommelbauer hat neben dem Hackstock eine Holzstange an der Höhlenwand, hinter der drei Querbeile stecken. Mit dem vierten passt er gerade die zwei Hälften eines in der Mitte durchgesägten Eukalyptusklotzes zusammen, ehe er die Höhlung weiter vertieft. Im Hintergrund spannt sein Helfer das aus dem Gerber-Souk geholte, noch nasse Fell über einen Klangkörper aus Ton.

Die Drechselbank, mit der im Souk von Marrakesch gearbeitet wird, ist beides: Touristenattraktion und Handwerkszeug. Sie besteht aus einem Balken, auf dem die beiden Widerlager des Drechselstücks so befestigt sind, dass sich eines verschieben lässt. Es gibt keine Schrauben, um das Lager zu arretieren; das geschieht durch die Auflage für das Drechseleisen, eine massive Stange aus Vierkantstahl, die in einer Nut beider Widerlager liegt. Die Drehlager selbst sind nadelspitz zugeschliffene Stücke von Armiereisen, die in den Klötzen der Widerlager stecken. Der Drechsler arbeitet mit der linken Hand am Fiedelbogen, dessen Schnur er einmal um das Werkstück geschlagen hat, mit der rechten Hand und dem linken, nackten Fuß hält und drückt er das scharfe Eisen nieder, das ein Gewöll zarter Späne abnimmt. Minutenschnell ist ein kleiner Anhänger aus duftendem Limonenholz für die neugierige Touristin gedrechselt – »Glücksbringer, Madam, ein Geschenk, Sie geben, was Sie wollen!«.

Die Schuhmacher haben eine Tube Kleber, ein schräg angeschliffenes, mit einem Stofffetzen umwickeltes Eisenband als Messer, eine kurze, gedrechselte Holzkeule zum Andrücken und Aufklopfen des Leders, einen Hammer und Nägel, einen Schusteramboss (oft nicht einmal den billigen aus Eisenguss, von dem immer zwei Füße den dritten hochhalten, sondern ein aus Abfalleisen geschweißtes, krückenähnliches Gerät auf einer Standplatte). Ob sich die Männer, die in anderen, winzigen Höhlen aus alten Autoreifen Eimer, Wannen, Taschen und sogar Aschenbecher machen, aus den Schustern entwickelt haben? Ihre Werkzeuge sind Messer, Ahle, Hammer und Nägel. Eine Blechschere, ein spannenhoher, gerundet ausgehöhlter Klotz und drei unterschiedlich dicke, gerundete Holzhämmer sind die Werkzeuge des Kupferschmieds, mit denen er Waschbecken, Schalen und Tabletts treibt.

Die Lampenmacher hauen mit einem Meißel und einem Hammer auf einer Stahlplatte durchbrochene Muster aus freihändig zugeschnittenen, gebogenen und schließlich verschweißten Blechstücken. Jeder deutsche Freizeitbastler ist zehnmal besser ausgerüstet als diese Männer, die von der Arbeit ihrer Hände leben.

Der Metzger im Souk hat ein Schaf an einem Haken neben der Ladentheke hängen, das bis zum Abend verkauft sein muss, denn es gibt keinen Kühlschrank in seinem Laden. Neben ihm ein zweiter, ein dritter, ein vierter Metzger, alle mit unterschiedlichen Puppenangeboten. Der Obsthändler hat einen Karren und eine Sorte Obst: Bananen, Orangen oder Datteln. Der Nussröster hat einen kleineren Karren und einen Holzkohlenofen aus einem zurechtgeschnittenen Farbeimer. Zwei Jungen vom Land haben einen Karton mit Puppenpackungen von Erdbeeren aus winzigen, rohrförmigen Körben, die aus einem achtmal gespaltenen und mit Streifen aus demselben Material durchflochtenen Bambusstock aufgebaut sind. Oben dichtet ein Blattbausch diese dekorativen Gebilde, die den asiatischen Öllampenhaltern in unseren Baumärkten gleichen. Die Kunden werfen sie leer gegessen in den Rinnstein.

Die technische Basis einer Baufirma im Souk von Marrakesch ist eine Blechkiste, auf eine Achse mit zwei ausgedienten Pneus geschweißt, von einem Eselchen gezogen; die Schaufel, die rechts an die Kiste gebunden wird, ist länger als das ganze Gefährt, das sich wie kein anderes für die gedrängten, schmalen Gassen der Souks eignet. So wird Schutt abgefahren und Zement gebracht, zusammen mit dem Bauwasser in einigen Plastikflaschen. Irgendwo sieht man die Maurer dann auf einem gesäuberten Stück Pflaster ihren Mörtel mit der Kelle anrühren, schluckweise Wasser beimischen und anschließend eine Tür einmauern, ein Loch im Fußboden ausfüllen oder ein Dach dichten.

Diese Puppenwirtschaft existiert in Marrakesch ebenso wie in anderen afrikanischen und orientalischen Städten durchaus neben der »normalen« Wirtschaft, wie wir sie gewohnt sind, neben Baufirmen mit einem LKW, Werkstätten mit ganzen Wänden voller Gerät und einem Schreibtisch, auf dem der Bildschirm eines internet-tauglichen Rechners flimmert. Die Verhältnisse in den Souks der Altstadt ähneln denen auf dem Land mehr als denen in der Neustadt, an den breiten Straßen, den modernen Geschäften, Banken, Ministerien, Versicherungen.

Hier wie dort enge Räume, winzige Felder, beschränkte Werkzeuge, wenige Produkte, Schmutz, Armut und Geduld, Konzentration auf das Nötigste. Der Dörfler, der in die Stadt kommt, fühlt sich im Souk zu Hause, in den Neubauvierteln nicht. Die Armen, die sich in provisorischen Hütten am Stadtrand einrichten, finden im Zentrum Lebensbedingungen, die den ihren gleichen und sich doch davon unterscheiden, weil sie in einem vielfältigeren, nuancierteren Netz eingebunden sind als die Arbeiter auf dem Land.

Die Moderne sitzt wie ein Speckgürtel am Leib der Städte; durch sie hindurch tauschen sich die Bauern, die Blechhüttenstädte und der Souk untereinander aus. Alt und Neu durchdringen sich und bilden Zwitter. Rad und Mofa haben die Reittiere komplett abgelöst, aber im Souk fahren mehr Eselskarren denn je – auf alten Autoreifen. Es gibt keine von einem Handwerker gemachten Wagenräder mehr, es sei denn an den Droschken für die Touristen.

Warum ich stundenlang durch den Souk wandere? Warum ich diese Beschreibung hier aufnehme? Weil sie uns zeigt, mit wie wenig man wie viel machen kann, wenn man sich Zeit lässt und Geduld hat und sich von unserem banalen Kosten-Nutzen-Denken befreit. Diesem zufolge muss ein Holzlöffel, von einem Akademiker mit einem Stundenlohn von fünfundsiebzig Euro geschnitzt, zweihundert Euro kosten. Deshalb ist er eine Absurdität. Aber diese Rechnung ist absurd, nicht der Löffel und nicht der Mann, der ihn schnitzt.

→ *Rustikal*

R

Rustikal

Was mich irritiert und die folgenden Bemerkungen veranlasst, ist die selbstverständliche Gleichsetzung von »rustikal« mit »unvollkommen«, »roh«, »unfertig«. Sie scheint zu verraten, dass wir bis ins Unbewusste durchgeprägt sind von der Industriekultur. Rustikal heißt »gewollt roh«; wenn es über Misslungenes gesagt wird, unterstellt es einen Gestaltungswillen, wo keiner ist.

Vielleicht ist das, was mir mit dem billig gekauften Hobel widerfuhr, als ich aus dem Boden der Kelter einen Tisch für das Toskanahaus machte, ein gutes Beispiel für das Rustikale in diesem Sinn. Weil der Hobel Fetzen aus dem rotweingetränkten Kastanienholz riss, glättete ich die Unebenheiten schließlich mehr schlecht als recht mit Schleifpapier.

Meinem Großvater in Deindorf, der noch ein Bauer war, wäre das alles nicht passiert, denn er konnte hobeln. Er hatte zwar keinen Traktor und keinen Radioapparat, aber eine beneidenswert schwergewichtige Hobelbank in seinem Schuppen stehen, auch eine Schnitzbank mit dem typischen Greifkopf, der aussieht wie ein geduckter Zwerg. Einmal hatte er zwei komplizierte Messingteile, die wir Buben im Innschlamm gefunden hatten, wohl Zünder von Bomben oder sonst ein Stück Strandgut des Krieges, dem Altmetallhändler gegeben, der scharf darauf war. Als er bemerkte, wie traurig wir über den Verlust waren, schnitzte er uns zwei Holzschiffe aus einem Pappelstamm, richtige kleine Einbäume, mit dem Ziehmesser geglättet, mit dem Stemmeisen gehöhlt. Das war keine rustikale Arbeit, sondern eine beachtliche kunsthandwerkliche Leistung, für ihn eine Selbstverständlichkeit, nicht der Rede wert, eben ein Ausgleich für den Kummer der Buben, den er nicht verstand, aber respektierte.

Seit vielen Jahren kaufe ich immer wenn ich in der Türkei bin, von einem der fliegenden Händler am Bosporus hölzerne Löffel. Zunächst fiel es mir schwer, das Material zu erkennen; inzwischen weiß ich, dass der von mir bei weitem bevorzugte Typ aus Wacholder geschnitzt ist. Diese Löffel sind deutlich Handarbeit, jeder sieht anders aus, es gibt sie von Teelöffel- bis Kochlöffelgröße um Pfennigbeträge. Sie sind auf ihre Art perfekt, die Höhlung, der Schwung des Stiels, die Kante sind fein ausgearbeitet, sie halten viele Jahre.

An dem Hang vom großen Basar zum Bosporus in Istanbul, wo ein Laden neben dem anderen steht, mischen sich die Welten; Industrieware steht neben der bäuerlichen Heimarbeit und dem klassischen Handwerk. Dort gibt es neben handgeschnitzen Wacholderlöffeln auch industriell produzierte aus Buche, die eintönig geformt sind und schon wissen, dass die moderne Hausfrau den Holzlöffel nicht mehr in den Mund, sondern nur noch in den Topf steckt. Und natürlich kann ich nicht gegen diese Strömung ankaufen, sowenig wie meine turkophilen Freunde, die eine Weile jedem Besucher ihrer Ausstellung türkischer Kunst einen solchen handgearbeiteten Löffel schenkten.

Ich habe eine besondere Beziehung zu diesen ältesten Werkzeugen der Tischkultur gewonnen, seit ich versucht habe sie nachzuschnitzen. Wer das einmal tat, gewinnt unendlichen Respekt vor dem bäuerlichen Handwerk. Rustikal ist ja auch ein Gegensatz zu »zünftig«, es ist nicht von Berufshandwerkern gemacht, sondern von Universalisten, die man eben nicht Laien oder Amateure nennen sollte, denn was sie tun, ist alles andere als laienhaft.

Obwohl ich inzwischen ein leidlicher Löffelschnitzer bin, übertreffen mich die türkischen Bauern bei weitem. Ich werde einmal versuchen einem von ihnen bei der Arbeit zuzusehen. Für mich hilfreich war die Anschaffung eines guten Hohleisens und eines Schraubstocks, um einen sicheren Halt zu haben. Seither kann ich die Rundung etwas besser treffen, die mit einem geraden Messer oder aus freier Hand nicht zu bewältigen ist. Verglichen mit den Blechlöffeln, die man überall um Pfennige kaufen kann, ist so ein Holzlöffel ein kluges Ding, das einiges von dem verlangt, der ihn sich verschaffen will.

→ *Grünes Holz,* → *Stühle*

S

Safari

Wenn du auf einem der bequemen Radwege durch den Park ein Surren hinter dir hörst, ist es ein Mountainbiker mit kräftigen Waden, der mit fliegenden Knien die Stollenreifen seines Fahrzeugs über den Asphalt treibt. Unangenehmer ist das auf Sandwegen: Ehe das Mountainbike modern wurde und normale Tourenräder hier entlangfuhren, wirbelte niemand so viel Staub auf, wie es heute in der Zeit der aggressiven Profile selbstverständlich ist. Obwohl ich zögere, die Geländereifen des Fahrrads ein dummes Ding zu nennen, sind sie jedenfalls dort, wo ich ihnen täglich begegne, fehl am Platz und schaden mehr, als sie nützen.

Sie wirbeln Staub auf, kosten Kraft, wecken den Drang, etwas über die dumme Safari zu schreiben, die man täglich in der Großstadt beobachten kann: Da parken Fahrzeuge, die dafür ausgerüstet sind, Saharapisten zu durchwühlen, am Gehsteig, im Dschungel Schwabings nur dazu nütze, mehr Benzin zu saufen als andere Fahrzeuge, mehr Platz wegzunehmen und mit harten Federn Gullideckel so abzuwehren, als lauere hier ein Sumpfloch.

Wenn ich mich in Savanne und Urwald wünsche, wenn ich lieber ungebahnte Alpenpfade durchradeln würde als den asphaltierten Radweg, dann halte ich meine Sehnsucht nach Freiheit dadurch am Leben, dass ich mit den richtigen Dingen gegen die falsche Realität kämpfe. Der schnelle Sportwagen bewegt sich wochenlang auf Straßen, die keine Geschwindigkeit über achtzig Stundenkilometer zulassen, der Jeep hat in zwei Jahren nur einmal eine unbefestigte Straße unter den Rädern gehabt, mein Fotoapparat hat technische Reserven, die ich nicht kenne. Vielfach sind heute diese überoptimalen Ausrüstungen gar nicht auf die Realität bezogen, sondern auf mediengespeiste Imaginationen: Mit diesen Basketballschuhen hat Magic Jordan gewonnen, dieser

Fourwheeler siegte in der Rallye Paris-Dakar, mit diesem Modellkleid hat Madonna Millionen begeistert.

Aus Tierversuchen ist das Prinzip der intermittierenden Verstärkung bekannt: Wenn ich will, dass ein Hund besonders hartnäckig am Tisch bettelt, dann darf ich ihm keineswegs nach jedem Betteln etwas zu fressen geben. Ich muss ihm die Belohnung in für das Tier undurchschaubaren Abständen verweigern und geben (eben »intermittierend«).

Wenn der Jeepfahrer in unvorhersehbaren, seltenen Situationen durch die besonderen Möglichkeiten seines Fahrzeugs ein Erfolgserlebnis hat, nimmt er hohen Verbrauch und schlechte Alltagstauglichkeit weiter in Kauf. Allerdings scheint diese Gesetzmäßigkeit bei einem fantasiebegabten Wesen manchmal so auszusehen, dass die Belohnung niemals wirklich eintritt. Sie bleibt ein Versprechen. Wir werden gar nicht wild und verführerisch durch das neue Parfüm, aber es könnte doch sein, irgendwie, irgendwann – also wird es gekauft. Markenartikel leben von Fantasien. Die meisten Kunden könnten die Kopie (eines Parfums, eines Kleidungsstücks) nicht von dem zehnmal so teuren Original unterscheiden. Aber nur das Original trägt die Magie.

Sammelsurium

Es gibt Menschen, die wechseln alle paar Jahre ihre Möbel und bringen die alten zum Sperrmüll. Andere empfinden ihre Garderobe – nichts davon verschlissen – plötzlich als unmodern, stopfen sie in einen Plastiksack und werfen sie in den Container, damit die Menschen in der Dritten Welt auch was anzuziehen haben.

Andere sind wie Picasso. Eines Tages fasste sich seine Lebensgefährtin Françoise Gilot ein Herz und warf zwei der ältesten Hosen des Künstlers in die Mülltonne. Abends kam Picasso nach Hause. Er trug die Hosen über dem Arm und sagte strahlend: »Stell dir vor, Françoise, was für wunderbare alte Hosen ich in unserem Müll gefunden habe. Sie passen genau!«

Vertraut an dieser Szene ist der Blick in die Mülltonne, auf den Abfallhaufen. »Geht doch endlich da weg! Macht euch nicht dreckig! Bringt mir bloß nichts von dem Zeug nach Hause!« Das ist die Stimme meiner Mutter aus dem Hintergrund, wenn mein Bruder und ich auf einem Spaziergang einen Abfallhaufen entdeckt hatten. Später wurden wir klüger, wir gingen allein hin und brachten unsere Beute gleich in ein Versteck.

Manchmal konnte man eindrucksvolle Dinge damit anfangen. Eines Tages fand mein Bruder ein Bügeleisenkabel; der Stecker war noch dran, das Bügeleisen fehlte, stattdessen ragten zwei Drähte mit blanken Spitzen aus der Isolierung. »Ich zeig dir was«, sagte mein Bruder verschwörerisch. (Später ist er Physiker geworden; damals war er vielleicht sieben und ich fünf Jahre alt.) Er steckte den Stecker in die Steckdose und näherte vorsichtig die beiden Drahtenden einander an. Funken sprühten, es krachte, dann war es im ganzen Haus finster und man hörte das Fluchen des Großvaters, der zu dem Sicherungskasten tappte.

Wir hatten sozusagen ein Mittel in der Hand, mit dem wir den Haushalt für kurze Zeit auf unsere steinzeitliche Stufe bringen konnten: die der schweifenden Sammler, die ihre Umwelt als eine große Schatzkiste erleben.

Ich kann die Stimmung dieser kindlichen Streifzüge wieder beschwören, wenn ich zufällig an einen Ort gerate, wo Sperrmüll abgefahren wird. Dann gehe ich von Haufen zu Haufen und schaue, ob darin etwas für mich Brauchbares ist – ein alter Aluminiumtopf etwa, wie es ihn heute nicht mehr gibt, eine Sense, eine Milchkanne, Dinge, die noch keine Antiquitäten sind, es aber in den nächsten Jahrzehnten werden müssten. Was so viel überstanden hat und doch noch funktioniert, muss einfach gut sein, es ist also sinnvoll, es aus dem Abfall zu retten.

Je mehr Dinge wir haben, desto mehr wächst auch die Gefahr, dass ein Gerümpel entsteht. Gerümpel wird vor allem deshalb zu Abfall, weil es so schwer ist, in ihm etwas wiederzufinden. Wo Dinge unauffindbar werden, beginnt ein Zyklus ihrer Entwertung, der im Müll endet.

Die Dinge um uns spiegeln und erfüllen die Erinnerungen in uns. Wenn wir ganz selbstverständlich Erinnerung und äußere Realität übereinstimmen lassen können, fühlen wir uns zu Hause – alles an seinem Platz. Was Sammler bewegt, lange und intensiv an Dingen festzuhalten, ist die Tatsache, dass unser aktives Gedächtnis begrenzt ist. Viel besser ist demgegenüber unsere Fähigkeit, etwas einmal Wahrgenommenes wiederzuerkennen.

Wie die Individualität der Toten im Hades Homers werden unsere Bilder schöner Dinge bald blass und schattenhaft. Waren Sie schon im Louvre, im Topkapi Serail? Und – Hand aufs Herz – welche von den tausend Kostbarkeiten *sehen* Sie noch? Alle diese tausend Bilder sind weder verschwunden noch präsent. Sie sind in einem Zwischenreich, im Limbo, im Gerümpel. Wir haben sie, aber wir finden sie nicht. Wenn wir wieder in den Louvre gehen, fällt uns auf: Das habe ich schon gesehen und das, hier war ich, das hat mich damals bewegt – aber keine dieser Erinnerungen würde ohne das Entgegenkommen von außen auftauchen. Sie brauchen ein Gegenstück in der Wirklichkeit.

Sammler sind Menschen, die wollen, dass ihnen etwas entgegenkommt, und die dieses Entgegenkommen der Dinge gestalten, ordnen, vertiefen. Oft sind Sammler auch Menschen, die Verlusterfahrungen kompensieren. Aber diese Deutung ist wenig spezifisch: Schmerzliche Verluste sind im Leben des Menschen unvermeidlich, wenn auch nicht alle die Heimat verlieren (wie die Flüchtlinge der sozialen »Säuberungen« der beiden vergangenen Jahrhunderte) oder beispielsweise früh einen Elternteil entbehren müssen. Der Sammler will, indem er den Zugriff des Besitzens gewinnt, schöne, interessante, von ihm entdeckte Ding-Zusammenhänge nicht mehr, niemals mehr verlieren.

Beim Sammeln geht es um den Narzissmus, das Bedürfnis nach Sicherheit, das eng mit (Selbst-)Bestätigung und Kontrolle über die Umwelt zusammenhängt. Wer viele vertraute Dinge besitzt und ordnet, kann sich in diesem magischen Ritual vergewissern, dass er die Kontrolle über seine Umwelt hat. Geld zu haben und nicht zu verschwenden befriedigt ebenfalls Sicherheitsbedürfnisse – daher der legendäre Geiz der Sammler, der in plötzliche Großzügigkeit umschlägt, wenn sie sicher sind, dass »sein Geld wert ist«, was sie da entdeckt haben.

Am sichersten sind wir einer Erinnerung, wenn wir besitzen, was sie betrifft, wenn wir das betreffende Ding jederzeit in die Hand nehmen können und seine Geschichte kennen. Im Gerümpel muss man lange suchen, um etwas zu finden, in der Sammlung in der Regel nicht. Es gibt Sammler, die ein Buch kaufen, das sie vielleicht schon haben. Genau wissen sie es nicht, aber der Preis ist günstig, man kann es tauschen, also mitnehmen. Dann müssen sie aber ihr bereits vorhandenes Exemplar finden, um es mit dem neuen zu vergleichen und herauszufinden, ob es wirklich dieselbe Auflage ist und ob der Zustand des alten oder des neuen Buches besser ist.

Viele Sammlungen sind systematisch geordnet, oft nach vorher feststehenden Regeln – etwa das Briefmarken-Sammleralbum mit den Vordrucken, die nur noch mit den Marken überklebt werden müssen. Sammelsurien sind kein Gerümpel, aber ihre Systematik ist die ihres Besitzers, nur er findet sich zurecht. Sie sind die hohen Schulen der Ding-Klugheit, der Beobachtungsgabe und der Fähigkeit, Dinge einzuschätzen, die Rudyard Kipling im so genannten »Kim-Spiel« beschrieben hat. Darin geht es darum, unterschiedliche Gegenstände nach kurzer Betrachtung möglichst genau zu beschreiben.

Sammelsurien sind eine Quelle der Inspiration, des Bastelns, der sozialen Aktivität. Einer der Triumphe des Nicht-Wegschmeißers: Seine Töchter finden die Mode der siebziger Jahre plötzlich schick und betteln begeistert um alte Jeansjacken. Geschenkfantasien: Vielleicht lerne ich einen anderen Sammler kennen, der gerade dieses Ding leidenschaftlich sucht; vielleicht will ich einmal etwas basteln, wozu ich gerade die Reste dieser alten Campagolo-Schaltung brauche oder die Röhren aus diesem Radioempfänger.

Die Tatsache, dass die meisten Dinge länger leben als wir und eine Bergkristallstufe älter ist als die Menschheit, weckt in uns ambivalente Gefühle: Wir lieben und bewundern die Dinge, und wir hassen und verachten sie, denn sie sind uns überlegen. Diese Ambivalenz empfindet niemand tiefer als der Sammler; kein Wunder, dass ihn von allen Philosophen am meisten Diogenes fesselt, der seinen ledernen Becher fortwarf, als er einen Hirtenjungen aus der Hand trinken sah. Alle Dinge machen abhängig und damit potenziell unglücklich, da ihr Verlust schmerzt.

Das Ansammeln von Dingen konfrontiert den Sammler mit seiner Sterblichkeit ebenso wie mit seiner Größenfantasie, unsterblich zu sein. Alles für alle erdenklichen Eventualitäten aufzuheben ist viel mehr als sparsamer Umgang mit Ressourcen und der Wunsch, sich nicht ärgern zu müssen, weil man gerade heute den Satz Schrauben braucht, den man vor drei Jahren weggeworfen hat, weil er schon zehn Jahre dalag, ohne dass man ihn gebraucht hätte. Um alles Angesammelte irgendwann seiner letzten Bestimmung zuzuführen, bräuchte der Sammler eine unendliche Zeitmenge, zumal er ja zu den Dingen, die er nicht wegwerfen mag, ständig solche hinzuerwirbt, die – wenn er sie nicht rettet – andere wegwerfen.

Die Dinge üben dabei eine Art magische Anziehung aufeinander aus. Ein Sammler, den ich kannte, behauptete, seine wuchernde Sammlung wurzle in seinem Interesse für deutsche Expressionisten, die dann ihrerseits sich für chinesische und japanische Holzschnitte oder afrikanische Masken interessiert hätten, womit seine eigenen Sammlungen auf diesen Gebieten sozusagen zwangsläufig seien. Mein Impuls, alles für die Eventualität der Eventualität aufzuheben – es könnte doch sein, dass ich irgendwann, in kleiderknappen Zeiten, um diese alte Jeanshose sehr froh bin! –, findet sich in der Impulsivität des Sammlers wieder, der jedes Ding, an dem er Interesse fasst, so behandelt, als sei es das Letzte seiner Art, obwohl er selbst vielleicht schon zehn Stück davon erworben hat.

Der Sammler kauft immer so, als ob er sich für eine Wüsten- oder Polarreise verproviantieren müsste; es kann, nein, es wird die Zeit kommen, in der er das, was er jetzt noch spottbillig haben kann, einfach nicht mehr bekommt, weil die anderen Sammler es ihm weggeschnappt haben.

Kuh der Dinge

In dem jetzt leeren Stall hatten früher rund zwölf Kühe Platz, zur Bauzeit des Hofes eine stattliche Zahl. Der Stall ist frisch gekalkt, weil ich ihn nach einem Brand in Scheune und Stall des Nachbarn dessen obdachlosen Kühen zur Verfügung gestellt hatte. Nachdem die Kühe zurück in den neuen, größeren, helleren Stall mit Schwemmentmistung und befahrbarem Mittelgang gezogen waren, weißelte der Nachbar meinen Stall und putzte ihn schöner, als er jemals gewesen war, weil man nichts dreckig zurückgibt. Der saubere Stall stand einige Jahre leer; für Gerümpel war er zu schade. Es hatte mir Freude gemacht, eine Notunterkunft für die Nachbarskühe zu schaffen, aber es fand sich kein neuer Interessent. Er stand einfach leer wie die Zimmer ausgezogener Kinder.

In meinen Überlegungen zur Dingflut, die sich ansammelt, wenn man Dinge lieber aus dem Müll rettet, als sie in ihn wirft, war ich inzwischen dahin gekommen, als zentrales Problem weniger den Platz anzusehen – den hatte ich in Scheune und Stall genug –, sondern die Ordnung. Im Gerümpel sind Dinge zwar noch nicht Müll, aber sie stehen sehr kurz davor, sich in Müll zu verwandeln. Jedes Ding braucht, um es selbst zu bleiben, das Auge des Besitzers. Fehlt ihm dieses, wird es erst Gerümpel und dann Müll.

Wie sieht nun die Kuh der Dinge aus? Es ist eines der alten, breiten Holzbretter, die in der Scheune lagern, gestützt von zwei oder drei Pfeilern aus jeweils zwei übereinander gestellten Flaschenträgern. Die Höhe ist also so, dass ich in die Obstkisten, Kartons und Plastikcontainer hineinblicken kann. Zwölf Kühe ergeben zwölf vier Meter lange

Stellflächen, insgesamt achtundvierzig Meter. Um einen Begriff von der Kuh der Dinge zu geben, gehe ich mit meinem PowerBook 150 – auch gebraucht gekauft, veraltet, ein gerettetes Ding, mit Schwarz-Weiß-Bild und ohne jeden modischen Schnickschnack – in den Stall hinüber und tippe ein, was da so liegt und steht.

Ein altes Regal, blau lackiert. Eine Kiste Schuhe. Eine Kiste mit alten Federballschlägern, Frisbeescheiben und einer Babywaschschüssel, einer jener zweigeteilten, wo Po und Gesicht aus verschiedenen Abteilungen versorgt werden. Eine Packung Waschmittel, nass geworden, steinhart. Ein Tonkrug, wohl für Steinhäger, älter. Ein Karton mit alten Lampenschirmen aus Glas und emailliertem Blech, dazu eine Seifenschale, ein Nylon-Anorak in einem Beutel zum Umdenbauchschnallen, eine Milchflasche. Ein Zwanzigliterfass Motoröl, aus der Zeit des Bauern, noch nicht ganz leer. Ein Zweimannzelt, mit dem ich vor zwanzig Jahren in Amerika gereist bin; seither habe ich es nicht mehr gebraucht. Drei Plastikkisten voller Einmachgläser. Eine Kiste mit Fahrrad-Kindersitzen und Schneeketten. Eine Kanne Motorenöl, neu. Vier Reservekanister für Benzin, leer. Eine Kiste Fahrradteile – Lenker, Sättel, Dynamos, Schrauben. Eine Holzkiste mit alten Eisenschrauben. Ein Grill und ein Sack Holzkohle. Ein alter Emailtopf, gefüllt mit Eisenteilen, Überbleibsel aus der Zeit, als auf dem Hof noch ein Schlepper war. Eine Gartenlampe aus glasiertem Ton in Pagodenform, einem befreundeten Lehrer abgekauft, der Recyclinglampen baut; diese war ursprünglich der Aufsatz für ein Entlüftungsrohr. Eine korbumflochtene, große Glasflasche. Eine Kiste mit Topfdeckeln und einem verchromten Wasserkessel. Eine Kiste mit Blumentöpfen und -übertöpfen. Eine Kiste mit dem Zubehör für die Kettensäge. Eine Kiste mit Ofenrohren und Kaminanschlüssen für Öfen. Eine Kiste mit Gummifußmatten für Autos. Ein Korb mit Strickwolle. Ein Sterilisator. Ein Traktorsitz aus Blech. Sieben Träger mit verschiedenen Saftflaschen. Vier alte Aktenmappen aus Leder. Ein Aluminiumeimer mit dem Zubehör für die Saftpresse. Vier Stühle, zwei Gießkannen, drei Hocker. Zwei Kisten mit alten Zeitschriften. Eine mit Kinderschuhen. Eine mit Elektroteilen: einem alten Telefon und einigen Kofferradios, einem Satz Lautsprecher. Drei Kisten mit alten Kleidern, ein Schirmständer ...

Menschen singen Preislieder übers Wegwerfen, Entrümpeln, über leere Wohnungen, nackte Wände und Zen-Gärten. Niemand bewundert Dinge im Winterschlaf zwischen Vielleichtnocheinmal und Niewieder. Nur wenn er die Birne mit dem französischen Bajonett findet oder einen passenden Griff für die alte Truhe, erlaubt sich der Lumpenerhalter leise zu denken, sogar kurz zu sagen, dass etwas gut ist an seiner Wegschmeißbehinderung. Heimlich wiederholt er Sprüche wie den, man müsse nur etwas wegwerfen, um am nächsten Tag zu entdecken, dass man es jetzt unbedingt bräuchte. Stolz erzählt er allenfalls Geschichten wie die von den handbehauenen Holzbalken, die er einem Sperrmüllfahrer für fünf Mark Trinkgeld abgebettelt hat: Aus ihnen baute er das Hochbett in seiner Studenten-WG, auf ihnen machte er der Mutter seiner Kinder den Heiratsantrag. Sie begleiteten ihn trotz ihres Protests in das neue Haus in der Vorstadt, wo sie jahrelang den Keller verstopften, bis endlich die älteste Tochter unbedingt ein Hochbett wollte: Da waren die passenden Balken schon da, für kein Geld der Welt hätte man solche im Baumarkt kaufen können.

Schärfe

Zu den Veranstaltungen, die uns das Klima der Verdummung anschaulich demonstrieren, gehört die Fernsehwerbung für ein Messerset. Zwei Männer, von denen der eine sich als professioneller Koch ausgibt, hantieren mit unterschiedlich großen Schneidwerkzeugen. Sie geben vor, mit diesen Steine oder Eisenstangen zu zersäbeln, um anschließend mit einer praktisch nicht totzukriegenden Schärfe Tomaten oder Gurken in dünne Scheiben zu zerlegen.

Diese Messer müssen nie nachgeschliffen werden. Man kann sie so schlecht behandeln, wie man nur will, es macht nichts. Man kann sie so gut behandeln, wie Schneiden es verdienen, man hat nichts davon. Sie sind ein Stück Erziehung zur Gleichgültigkeit, zum Ex und Hopp.

Rasiermesser

Ein großer Verlust in der Kultur der Schärfe trat ein, als die aus Kohlenstoffstahl geschmiedeten, kunstvoll hohl geschliffenen und vor der Rasur mit einem Streichriemen fein abgezogenen Rasiermesser durch industriell gefertigte Rasierklingen ersetzt wurden, welche den Nutzern die Mühe ersparten, ihre Schneide selbst zu pflegen und auf der eigenen Haut zu spüren, wie ihnen ihr Schliff geraten war. Heute ist, von wenigen, nostalgischen Ausnahmen abgesehen, »rasiermesserscharf« nur noch eine Metapher. Die im Einmalrasierer gekauften Miniklingen sind von einer Schärfe, die wir nicht in den paar Minuten herstellen können, die – Zeit ist Geld – ein Bic kostet.

Dadurch gehen uns aber die Schönheit einer gepflegten Klinge und das Abenteuer einer echten Klingenrasur verloren. Zu Beginn der so genannten »Patentrasur« war es vielen Käufern der Sicherheitsrasierapparate mit den quer gestellten, im Dutzend gekauften Klingen noch ein Gräuel, benutzte Klingen einfach wegzuwerfen. Es gab raffinierte Maschinchen, um diese neu zu schärfen. Heute sind die Klingen meist in Plastik eingegossen. Damit ist das Stadium der maximalen Dummheit erreicht (das fast immer auch das Stadium der höchsten Umweltbelastung ist). Wer eine solche Klinge kauft, ist dazu verurteilt, sie nach ein- bis mehrmaligem Gebrauch wegzuwerfen.

Dieses Vorgehen hat ähnlichen Verfallserscheinungen in weiten Bereichen des so genannten »Heimwerkermarktes« den Weg gebahnt. In der Holzbearbeitung geht es zu wie in der Arbeit am Bart. Ex-und hopp-Werkzeuge dominieren, wo in modernen Haushalten gebohrt und gesägt wird. Einen Bohrer zu schleifen, eine Säge zu feilen sind verlorene Künste. Diese Verluste werden dadurch erleichtert, dass die Industrie dem Heimwerker, der zu dumm geworden ist, um ein stumpfes Schnitzmesser zu schärfen oder eine klemmende Säge zu schränken, spottbillige Elektromotoren anbietet, die durch ihre hohe Geschwindigkeit und scheinbare Mühelosigkeit alle Rückmeldungen verschleiern, wie schlecht die Schneiden der benutzten Werkzeuge sind. Wenn ich ein Brett mit der Kraft meiner Arme säge, messe ich von selbst die stumpfe Säge an der Leistung der scharfen. Sobald ich aber nur ein wenig mehr Strom durch einen Motor laufen, einen Schalter etwas länger festhalten muss, wird es mir gleichgültig, ob meine Werkzeuge gut schneiden oder nicht.

Die vergessene Kunst des Schärfens ist ein Hinweis darauf, wie durch eine unbedachte Industrialisierung genau jene Einsichten verloren gehen, die wir dringend bräuchten. Denn diese Kunst ist, soweit ich sie verstanden habe, auch eine Kunst der Sparsamkeit. Es geht darum, von dem kostbaren Material des hochwertigen Stahls, aus dem die Schneide gemacht ist, nur so viel – aber ja nicht mehr – wegzunehmen, wie nötig ist, um die verlorene Schneide wiederherzustellen. Daher wetzen Metzger ihre Messer so häufig (früher trugen viele von ihnen am Gürtel einen schön gearbeiteten Wetzstahl). So richten sie die Schneide immer wieder auf und verhindern, dass sie zu schnell umkippt oder sich verbiegt und dann nicht mehr mit dem Wetzstahl bearbeitet werden kann, der kaum Material wegnimmt, sondern mit Feile oder Schleifstein geschärft werden muss. Wenn etwas nicht mehr so schneidet, wie es soll, genügen fast immer einige Züge mit einem Wetzstahl (»als ob man eine feine Scheibe vom Stahl abschneiden möchte«), und die Klinge ist wieder tadellos scharf.

In Scarperia, einem für seine Messermanufakturen bekannten Ort der Toskana, gibt es ein kleines Museum, in dem die alten Taschenmesser der Bauern ausgestellt sind. Viele dieser Klingen sind auf die Hälfte, ja auf ein Viertel ihrer früheren Größe heruntergeschliffen. Man hat den Eindruck, dass die Messer deshalb überlebt haben, weil sie irgendwann so verbraucht waren, dass sie in einer Schublade auf den Kustos dieses Museums warteten. Ich vermute, dass die Bauern sie auf denselben Schleifsteinen schärften, mit denen sie ihre Äxte und Ackerwerkzeuge behandelten – geeignet für grobe Arbeit, aber bei feinen Klingen viel zu hastig in der Materialabtragung.

Der Schneidenfluch des Heimwerkers sind die motorbetriebenen Schleifscheiben aus Korund. Funken sprühen, in wenigen Sekunden kann eine Klinge verdorben sein, weil viel zu viel Material weggenommen oder durch die Reibungshitze der Stahl in weiches Eisen verwandelt wird, das erst wieder gehärtet werden müsste, um die Schneide zu »halten«.

Auf dem kleinen Hof meines Großvaters war die Sache besser geregelt: Es gab einen großen, rundgemeißelten Sandstein, der mit Wasser benetzt und mithilfe eines Pedals in Schwung gehalten wurde. Für mein Taschenmesser war auch dieser Stein zu grob, er eignete sich für Äxte, Keile, Pflugmesser und Ähnliches. Bei einem Messer war er allenfalls für einen Vorschliff oder für das Ausschleifen von Scharten brauchbar. Mein Großvater benutzte für die feineren Arbeiten einen gelblichen Abziehstein. Die Sensen wurden gedengelt und gewetzt. Als Wetzstein diente ein feinkörniger Sandsteinschiefer, der im Wetzkumpf nass getragen wurde.

Meine Mutter nahm später einen dieser Wetzsteine mit in ihren Haushalt; sie schwor auf ihn und ihren »Schneidteufel«, ein kleines Küchenmesser aus kohlenstoffhaltigem Stahl, das vom vielen Wetzen krumm und sehr dünn geworden war. Mit ihm schnitzte sie, als der weiße König unseres Schachspiels verloren gegangen war, aus einem Besenstiel einen perfekten Ersatz; außerdem konnte sie mit fünf Schnitten einen Bleistift besser spitzen als jeder käufliche Anspitzer (→ Bleistiftspitzer).

In Japan hat sich eine regelrechte Schleifkultur mit den unterschiedlichsten natürlichen und künstlichen Wassersteinen erhalten. Nur mit ihnen darf man sich den schönen, damaszierten Klingen der edlen Samuraischwerter und den ebenso guten, aber ungleich nützlicheren Klingen der feineren Küchenmesser nähern. Korundscheiben, aber auch Wetzstähle sind diesen Schneiden ein Gräuel. Sie brauchen nasse Steine mit Korngrößen zwischen vierhundert (für die grobe Vorarbeit) bis achttausend (für den spiegelnden Feinschliff). Es ist eine sehr meditative Beschäftigung, eine spiegelblanke Schneide zu erschleifen, die das Licht zerteilt, wenn man – die Sonne im Rücken – auf sie blickt.

Man muss erst einen Grat erzeugen und diesen dann mithilfe eines feinen, mit Öl oder Wasser benetzten Schleifsteins oder eines Leders mit Polierpaste entfernen. Auf Metall hinterlässt das normale Schleifpapier für Holz mit Korngrößen zwischen achtzig und hundertzwanzig deutliche Kratzspuren. Wer mit einem achthunderter Papier weiterschleift, gewinnt einen matten Glanz; mit den Schleifsteinen von Korngröße zweitausend bis achttausend und schließlich dem Leder mit Polierpaste wird dieser zum Spiegelglanz und die Schneide so scharf, wie sie für alle guten Arbeiten sein muss – außer für das Entrinden von Bäumen (denn dafür benötigt man stumpfe Schneiden) oder das Zerteilen von Obst und Brot (dafür sind leicht aufgeraute Schneiden am besten). Der Glanz wird gewonnen, indem man die Kratzer so fein macht, dass das Auge sie nicht mehr erkennen kann.

Warum einhundertfünfzig Euro für ein handgeschmiedetes Stemmeisen mit einer Schneide aus japanischem »weißem Papierstahl« ausgeben, wo es doch für zwei Euro fünfzig vier Stück in einem Plastikfutteral beim Baumarkt gibt? Nun, teure Dinge sind nicht klüger als billige, im Gegenteil: Sie müssen ihren Preis wert sein, sonst verdummen sie unser Empfinden für Proportionen, wie das in allen Modesachen geschieht. Der Preis ist gespeicherte Zeit. Wenn wir diesen Zeitspeicher anzapfen können, indem wir herausfinden, wie und wodurch das edle Stecheisen besser ist als die Dutzendware, hat sich die Ausgabe gelohnt. Manchmal allerdings triumphiert auch die Intelligenz über den Preis – etwa wenn ich feststelle, dass die an einem verrosteten Eisen, das ich aus einer Flohmarktkiste gefischt habe, erschliffene Schneide geradeso gut ist wie die des Luxusartikels.

Schmiede

Der Schulweg nach Stammham im Jahr 1948 führte mich an den meisten Handwerksbetrieben vorbei, die im großväterlichen Hof (vier Kühe, zwei Schweine, zwanzig Hühner, kein Traktor) gefragt waren. Im Tal unten der Wagner, bei dem Teile des hölzernen Wagens, wie Radspeichen, Räder, Wagscheite oder Leitern, hergestellt und repariert wurden. Am Ortseingang der Schlosser und der Sattler. Letzterer wohnte in einem kleinen Häuschen, in dessen Fenster einige Schulranzen hingen, einer davon genau wie mein eigener aus unverwüstlichem Schweinsleder mit zwei kleinen Riemchen in den unteren Ecken der Deckklappe. Im Gymnasium wollte ich ihn nicht mehr tragen, nicht weil eine Naht gerissen oder das Leder durchgescheuert war. Er war nicht mehr modern.

Der Schmied arbeitete näher am Ortskern, an Kirche, Schulhaus, Wirtshaus und Kramer. Die Werkstatt stand immer offen. Jeder Bub durfte hineinschauen. Das Beschlagen der Pferde spielte sich sogar auf offener Straße vor der Schmiede ab. Ich beobachtete es mit gefesseltem Grauen – die Tiere mussten doch schreckliche Schmerzen leiden, wenn mit Messer, Nagel und glühendem Eisen an ihren Füßen gearbeitet wurde. Sie duldeten es aber willig. Es stank aufregend nach dem verbrannten Horn. Gab es etwas zu richten, einen Pflug zu schärfen, dann war es selbstverständlich, dass der Kunde neben dem Handwerker stehen blieb und ihm zusah. Das sparte einen Gang.

Dem alten Schmied machte es Spaß, wenn es die Buben nicht fassen konnten, wie er mit bloßen Händen eine glühende Kohle packte und seine Pfeife anzündete. Er warf das Eisen in die Holzkohle, schaltete das Gebläse ein und das halb geschlossene, rote Auge des Kyklopen sprühte Funken. Der alte Stahl, sagte er wohl zum Großvater, werde besser, je öfter man ihn erhitze, schmiede und abschrecke. Wenn das Werkstück die richtige Farbe hatte, packte er es mit der Zange, der Hammer klang auf dem Amboss, er drehte, wendete, prüfte, erhitzte noch einmal und warf es dann in den Wassereimer, wo es zischend versank.

Der Schlosser hat mir, als ich mit meinem platten Reifen am Rad zu ihm kam, neunzig Pfennige abverlangt und gezeigt, wie ich das Loch beim nächsten Mal selbst flicken konnte.

Die Schmiede gibt es nicht mehr. Die Sattlerei ist ein Edeka-Laden, der Schlosser eine Tankstelle mit Selbstbedienung, an der Werkstatt hängt ein Schild: Zutritt verboten, Reparaturannahme im Laden. Ich stand dabei, wenn mein VW Käfer abgeschmiert oder der Auspuff erneuert wurde. Heute gebe ich Schlüssel und KFZ-Schein ab. Ich weiß, dass es nicht mehr üblich ist, den Meister zu fragen, ob ich von ihm etwas über mein Auto lernen darf. Zutritt für Unbefugte ist, allein schon aus Haftungsgründen, gänzlich verboten. Merkwürdig, dass der alte Schmied mit den sprühenden Funken und den mörderischen Werkzeugen nie etwas dagegenhatte, wenn die Schulbuben in seiner Werkstatt standen. Wenn ihnen ein Stück Glut auf die bloßen Füße sprang und sie zurückhüpften, lachte er.

Der Sohn des Schmieds hatte keinen Fernseher, aber Esse und Amboss vor Augen. Der Sohn des Ingenieurs erlebt seinen Vater als berufliche Abstraktion und kann an dessen Arbeit nichts Bewundernswertes finden. Anziehender sind Popsänger und die Helden der Vorabendserien. So ist »Künstler« der Berufstraum jener Jugendlichen geworden, die Lokomotivführer werden wollten, als es noch Dampfmaschinen gab.

Sehr vereinfacht, lässt sich die Entwicklung der dummen und der klugen Dinge in ein Dreierschema fassen:

1. Es gibt keine Meisterdinge. Jeder Jäger schnitzt sich Bogen und Pfeile selbst, weiß, wie man Darmsaiten dreht und Jagdgifte macht. Ebenso weiß jede Sammlerin, welche Hölzer für ihren Grabstock, welche Fasern für den Tragekorb geeignet sind. Meisterwissen wird ohne Meister tradiert, jeder ist Meister, jedem ist jede Tätigkeit zugänglich, es gibt keinen Beruf.

2. Die bemerkenswerten, »gut gemachten« Dinge haben einen eindeutigen Meister oder eine Zunft solcher Meister. Dieser beherrscht ihre Herstellung. Wer mit diesen Dingen umgeht, hat mit dem Meister

zu tun, kann von ihm alles über die Herstellung und Reparatur dieser Dinge erfahren und so das Wissen des Meisters für sich selbst fruchtbar machen.

3. Die Dinge sind so komplex geworden, dass sie keinen Meister mehr haben, sondern aus einer Organisation kommen, die weder von dem Kunden noch von dem Repräsentanten dieser Organisation durchschaut werden kann. Wenn man diese Dinge erwirbt, spricht man zunächst mit dem Angestellten der einen Abteilung, wenn man sie repariert haben will, mit dem einer anderen Abteilung. Beide Abteilungen wissen wenig voneinander und geben unterschiedliche Auskünfte. Wer die Dinge durchschauen will, muss unkundig bleiben, weil keiner der Angestellten, mit denen er zu tun hat, über sein Spezialgebiet hinausdenkt.

In der letzten Phase ist es fast unmöglich geworden, von den Dingen zu lernen. Sie haben Funktionen, aber keine sinnlich erfassbare Botschaft mehr. »Was wird mit meinem defekten Fax geschehen?« – »Was ist eigentlich kaputtgegangen?« – »Was kann ich aus dem Defekt lernen?« – »Keine Ahnung, ich schreibe nur den Schaden auf, den Rest macht die entsprechende Abteilung, die haben die nötigen Geräte!«

Wenn wir aus einem großen Haufen beispielsweise zwanzig Schwerter, Kannen oder Äxte herausholen, kann jeder Laie, der auf seine Sinne vertraut, eine Rangreihe bilden. Dinge, die sich besser anfühlen, die besser aussehen und besser gemacht wirken, sind auch besser. Nehmen wir zwanzig Quarzuhren, Faxgeräte oder Notebooks: Die Dinge wirken alle sehr ähnlich, ihre Qualitätsunterschiede kann nur ein Spezialist mit entsprechenden Geräten herausfinden.

Schreibwerkzeug

Eine Pointe der Neuzeit: je fortschrittlicher die Beschriftungsgeräte, desto vergänglicher die Schrift. Ziegeltafeln der Könige Babylons und Hieroglyphen altägyptischer Reiche können wir noch lesen, als seien sie gestern aufgezeichnet worden: Illuminierte Manuskripte des Mittelalters und die gedruckten Bücher der Gutenberg-Enkel stehen in den Bibliotheken und halten unerschütterlich ihr Schwarz auf Weiß. Aber seit Papier maschinell produziert und maschinell bedruckt wird, lösen sich viele Texte auf; die Seiten werden brüchig und vergilben. Fachleute sprechen von säurehaltigem Papier. Unübertrefflich in dieser Hinsicht ist das Faxgerät, in das Thermopapierrollen eingelegt werden: Was ich hier schriftlich bekomme, ist spätestens in einem Jahr unleserlich.

Über intelligente Schreibgeräte ist schon etwas unter → Bleistiftspitzer gesagt worden. Der Bleistift und sein alter Verwandter, der angeblich giftige Kopierstift, sind kluge Dinge, die uns über das Wesen des Schreibvorgangs ebenso belehren können wie der klassische Federkiel, den sich Schreiberin oder Schreiber aus den Schwungfedern von Schwan oder Gans zurechtschneiden mussten. Wo die Federn rar waren, behalf man sich mit Schilfrohr. Die Rohrfeder gab den Zeichnungen der alten Künstler – Rembrandts etwa – eine heute unerreichbar scheinende Präsenz, einen zarten, schwellenden Strich von höchster Ausdruckskraft. Wer schrieb, machte seine Feder selber. Dazu musste er über scharfe Federmesser verfügen und über das Naturmaterial Bescheid wissen, das er zu seinem Werkzeug machte.

Mit der Stahlfeder nahm der Westen auf, was der Osten mit dem Pinsel schon viel früher begonnen hatte: Wer schrieb, benutzte ein fertig gekauftes Gerät und tauchte es in den flüssigen Farbstoff.

Auch die Tinte fertigten sich die frühen Schreiber selbst: in Europa aus Eichengallen, während im Osten Platten aus feinstem Ruß gepresst und vor dem Schreiben auf einem Reibestein mit Wasser zu einer bald grauen, bald schwarzen Tusche verarbeitet wurden.

→ *Computer*

Sicherheit

Der Kulturfortschritt beruht darauf, dass Menschen große Mühe auf sich nehmen, um sich Mühe zu ersparen. Diese Paradoxie ist schon in der klassischen Geschichte vom neapolitanischen Fischer auf den Punkt gebracht: Warum er nicht arbeite, sondern in der Sonne liege, wo doch bestes Wetter für den Fischfang sei?

»Heute habe ich schon gegessen!«

Der Gast aus dem Norden erklärt nun, wie gefährlich es sei, von der Hand in den Mund zu leben, und malt eine unternehmerische Karriere aus – Produktion von Mehrwert, Anhäufung, Erwerb von Produktionsmitteln, genauer: einem großen Boot, auf dem andere für ihn fischen.

Der Fischer: »Und was soll ich tun, wenn ich ein erfolgreicher Unternehmer bin und andere für mich arbeiten?«

Der Gast: »Dann kannst du dich in die Sonne legen und faulenzen!«

Darauf der Fischer: »Warum so lange warten?«, fragt er zurück und schiebt den Strohhut wieder übers Gesicht.

In der Anekdote gewinnt der Fischer, in der Realität hat sich die Lage anders entwickelt.

Das Lustprinzip bestimmt den Menschen nicht, obwohl es ihn entzückt und seine Rhetorik beherrscht. Warum hat die Haltung des Fremden aus dem Norden gesiegt, warum ist Neapel eine moderne Industriestadt geworden? Es liegt daran, dass das Sicherheitsprinzip stärker ist als das Lustprinzip und das Realitätsprinzip zusammen. Der Fortschritt verspricht: Dann wirst du *sicher* in der Sonne liegen, denn du weißt, dass du auch zu essen hast, wenn du nicht mehr arbeiten kannst.

Das Sicherheitsprinzip trägt zum Dummwerden der Dinge bei. Wenn ich ein Dosengericht aufwärme, bin ich sicher, dass etwas Essbares entsteht – die Reklame für solche Fertigware, welche die Zunge verdummt und den Geist verkleistert, spielt oft mit Bildern von aufwändig gekochtem Essen, Liebespaaren und glücklichen Familien:

Nes-Emotionen, kurz mit heißem Wasser verrührt, fertig, vom echten Produkt nicht zu unterscheiden.

Wenn ich mit der Säge arbeite, nicht mit der Axt, mit dem Rasenmäher, nicht mit der Sense, gewinne ich, gerade wenn ich ungeübt bin und wenig Zeit einsetzen will, um zu lernen, größere Sicherheit über das Ergebnis.

Normierung bietet Sicherheit und zerstört Möglichkeiten. Die Menschwerdung beginnt mit Normierungen, mit Sprache und Schrift.

Wer ein Kleinkind beim Sprechenlernen beobachtet, erkennt die Unterdrückungsprozesse, die notwendig sind, dass aus der bunten Vielfalt der gebrummten, gezischten, gerollten Laute jene Kombinationen eingeübt werden, welche die Lautnormen der jeweiligen Sprache erfüllen. Was die Schriftsprache mit der Dialektvielfalt macht, wissen wir.

Immer wird uns Sicherheit gegeben und Kreativität genommen. Der Künstler macht diesen Prozess rückgängig, er gibt Normierungen und damit Sicherheiten auf und gewinnt dadurch Raum für Kreativität. Dazu gehört die Bereitschaft, auf sicheren Erwerb und den Erwerb der Sicherheit zu verzichten.

Der Erfinder, der den Ungeschickten, Übungsunwilligen, Komfortbedürftigen, aber auch den Erschöpften, den von Zeitnot Geplagten Arbeit erspart und Lernmöglichkeiten raubt, baut in den Lebensprozess eine Sperrklinke ein. Wenn das Rad erfunden ist, wird der Schlitten für immer plump wirken und nur dort, wo die Entfernungen gering sind oder Schnee und Eis den Boden bedecken, Verwendung finden. Wer mit steifem Rücken und lahmen Armen von der Holzarbeit aufblickt und sieht, wie das Schwert einer Kettensäge durch einen Stamm fährt, wird nie wieder so sägen wie zuvor: Aus einer unausweichlichen Mühe ist die seine zu einer dummen Mühe geworden.

Die Schritte zum Komfort beuten die Sicherheitsbedürfnisse aus. Es ist mühsam, den falschen Weg zu erkennen, auf den sie uns führen. Es geht darum, echte, langfristige Sicherheit, die durch eine Entwicklung unserer Fähigkeiten und einen schonenden Umgang mit Ressourcen entsteht, von einer kurzfristigen Sicherheit zu unterscheiden, die wir uns durch Verleugnung von Folgelasten zurechtpfuschen.

Stühle

Ende der sechziger Jahre kauften wir bei einem Bahnwärter zwischen Pisa und Florenz, einem bärtigen Mann, der das Handwerk und die Werkzeuge seines Großvaters pflegte, einen Satz Stühle, die bis heute unverwüstlich ihren Dienst tun und mit dem Alter immer schöner werden (mit Ausnahme der aus Binsen geflochteten Sitze, die in einem Winter von einer Mäuse-Invasion zernagt wurden). Damals zeigte mir dieser Freizeithandwerker seine Werkstatt. Es war ein penibel sauberer, heller Kellerraum mit Zementboden. Neben einer großen Hobelbank mit einigen einfachen Handwerkzeugen – Beile, ein Handbohrer, Ziehmesser – häuften sich lange Bündel von gelben Binsen. Er sagte uns, dass er gerade dabei sei, Sitze für die Bestuhlung eines ristorante rustico zu flechten, und wies auf einen hohen Stapel industriegefertigter Stühle im »rustikalen« Stil.

In einem Winkel lag ein unbehauener, dicker Baumstumpf. Er sah wie ein Stück aus einer anderen Welt aus, von einem Zeitstrom, der keine anderen Spuren hinterlassen hatte, mitgetragen und hier angeschwemmt. Von ihm aus, noch merkwürdiger, schwang sich ein wohl fünf Meter langer, an seiner Basis etwa armdicker Ast frei in den Raum hinein. Um die Spitze dieses trockenen, aber keineswegs morschen Astes, der noch seine Rinde trug, waren Schnüre gewickelt, als hätte ein Kind mit einer Angelrute gespielt. Ich verstand nicht, was das sein sollte. Auf meine Frage erklärte der Stuhlmacher nur, er brauche für seine Arbeit keine elektrische Energie, nur die Kraft dieses Holzes wie die Alten.

Er erklärte mir, dass seine Stühle ohne Leim zusammengefügt seien (forzate: zusammengezwungen). Sie halten bis heute tadellos.

Inzwischen weiß ich, was ich damals gesehen habe: eine Peitschendrehbank. Der Baumstrunk war das Gewicht, welches den elastischen Ast hielt; die Schnur wurde um den Rohling gewickelt, er wurde eingespannt und mit Pedaltritten zur benötigten Form gedreht.

Ein Trick der ländlichen Stuhlmacherei liegt darin, dass sie sich das

Prinzip zunutze macht, dass dicke Hölzer langsamer austrocknen als dünne Stücke. Wenn man also dünne Streben drechselt und in Bohrungen dickerer Stuhlbeine einschlägt, werden diese durch den natürlichen Schrumpfungsprozess festgehalten. (Man darf allerdings den Bogen nicht überspannen, so dass die zusammengefügten Teile sich verletzen und reißen.) Holz, das frisch verarbeitet wird und – bereits verarbeitet – austrocknet, ist erheblich widerstandsfähiger; das grüne Holz arbeitet mit dem Handwerker geradeso wie er mit ihm. Es gibt noch andere Tricks; mit »forzate« meinte der Stuhlbauer vielleicht auch, dass er die Verbindungshölzer so gekrümmt hatte, dass sie ständig gegeneinander arbeiteten und sich auf diese Weise festhielten. Bei den englischen Windsor-Stühlen gehörte das zu den Tricks der chair bodgers.

Bei den bäuerlichen Nachbarn hier im Mugello sah ich andere Stühle als bei dem Mann in der Nähe von Pisa. Die Stuhlbeine hatten einen rechteckig-geschwungenen Querschnitt, die Streben waren flache Hölzer, alles Edelkastanie.

»Mein Großvater konnte in den Wald gehen, nur mit einem Pennato, und am Abend kam er mit einem solchen Stuhl zurück!« Der Pennato ist eine Mischung aus Haumesser und Beil mit einer geraden und einer geschwungenen Schneide. Ich vermute, dass der Nonno auch noch ein Stecheisen und einen Hammer mitnahm, aber mehr Werkzeuge benötigte er für das formschöne, unverwüstliche Sitzmöbel nicht.

Die typischen Körbe des Mugello aus Kastanienspänen sind grün geflochten. Wer mit grünem Holz arbeitet, kann auf teure und gefährliche Maschinenwerkzeuge verzichten. Das Ziehmesser, die Axt, Handbohrer und Stecheisen reichen aus.

In seinem Buch ›Green Woodwork‹ liefert Mike Abbott Bauanleitungen für die pedalgetriebene Drechselmaschine, welche die Kraft eines elastischen Astes nutzt. In England und Amerika gibt es inzwischen Unterricht in dieser fast vergessenen Kunst. Die Teilnehmer lernen mithilfe einfacher Werkzeuge die alten Windsor-Stühle wieder zu machen, die bis ins vergangene Jahrhundert von den chair bodgers gefertigt wurden. Das waren reisende Handwerker, die einem Bauern

ein Stück Buchenwald abkauften, ihre urtümlichen Drechselbänke auf-
bauten und buchstäblich den Wald in Stühle verwandelten, die heute
gesuchte Antiquitäten sind.

Ich respektiere die Handwerkskunst von einst auf ganz andere Weise, seit ich selbst versucht habe einen meiner viel einfacher gebauten
toskanischen Stühle zu reparieren, indem ich den zerfressenen Binsen-
sitz durch greenwood ersetzte. Dazu gehört, dass das Holz nicht gesägt,
sondern gespalten wird. Tatsächlich lässt sich ein frisch gefälltes, schen-
keldickes Kastanienstämmchen ohne Mühe in Hälften zerlegen, die
eine gerade Oberfläche ergeben, während die Auflagefläche durch
einen eingesägten und ausgestemmten Schlitz in dem runden Rücken
an die Streben der Stühle angepasst wird. Das frische Holz duftet nach
Rotwein. Es enthält Tannin, das aus den Eichenfässern in den Wein
übergeht. Für den Holzarbeiter ist das Tannin weniger erfreulich: Die
Gerbsäure greift seine Werkzeuge an, die Stahlschneiden verfärben sich
blau, wenn er sich nicht bald mit einem Poliermittel an die Arbeit
macht, setzen sie Rost an.

Wenn ein Axtstiel gebrochen ist oder wenn ich eine Leiter brauche,
säge und spalte ich mir die Stücke, die ich benötige, zurecht, spanne sie
in den Schraubstock (besser wäre eine Schnitzbank, aber es ist mir zu
aufwändig, sie zu machen) und mache mich mit dem Ziehmesser ans
Werk. Ein Keil aus trockenem Hartholz wird zunächst provisorisch,
nach einigen Wochen aber, wenn wegen des Trockenschwunds der
Axtkopf wackelt, tiefer eingeschlagen, bis er fest sitzt.

→ *Grünes Holz,* → *Rustikal,* → *Schärfe*

T

Toilettenpapier

Europäer finden den orientalischen Brauch unhygienisch, sich mit der linken Hand den After zu waschen. Sie ziehen die trockene Lösung vor. Das Bedürfnis nach der in Lust und Leben nicht auffindbaren Grenze zu allem Ekelerregenden hat zu vielen dummen Erfindungen geführt, von denen das WC die dümmste ist und das Klopapier die zweitdümmste. Beide ergänzen sich besonders eindrucksvoll, wenn das überreichlich verwendete Klopapier den Abfluss des WC verstopft hat und die Scheiße hochgeschwemmt wird, die doch geruchlos und spurlos verschwinden sollte.

Wälder werden abgeholzt und Landschaften durch sinkenden Grundwasserspiegel versteppt, weil zivilisierte Menschen ihre Zwänge pflegen, nicht mit ihren eigenen Ausscheidungen in Berührung zu kommen.

Die ganze Angelegenheit ist das, was Freud »mehrfach determiniert« nannte. Es ist die Logik des Zigeuners, der auf den Vorhalt, der von ihm entliehene Kessel habe jetzt ein Loch, erwidert: Erstens habe ich nie einen Kessel geliehen, zweitens habe ich ihn ganz zurückgegeben, drittens war das Loch schon drin, als ich ihn borgte!

Wir essen nicht mit den Fingern, waschen uns vor dem Essen die Hände und haben doch immer brav dicke Papierschichten zwischen uns und das gelegt, was wir doch so behandeln, als hätten wir uns besudelt. Wir scheuen uns vor unserer Scheiße, wir sind so trainiert. Ich glaube nicht, dass es gut für unsere Psyche ist.

Als Kind lernte ich einen Abzählreim:

Wenn der Bauer scheißen geht,
dann geht er hinters Haus,
und wenn er kein Papier da hat,
nimmt er die Faust.

Wer kein Klopapier hat, behilft sich in Europa mit einem Papiertaschentuch, einem Stück Zeitung, einem Büschel Gras oder Laubblättern. Beduinen benutzen Steine. Das geeignete Material zu finden ist eine Schule über den Kontakt zwischen Naturstoffen und menschlicher Haut. Dass wir uns vor dem rauen, trockenen Papier fürchten und abwehrend verspannen, bedingt die große Neigung der Europäer zu Hämorrhoiden. In der Toskana genieße ich es sehr, dass ich kein WC, aber einige Hektar Wald mit vielen verschiedenen Laubbäumen habe. Wenn ich nichts Neues ausprobieren mag, bleibe ich bei der Kastanie.

Eine Anmerkung aus dem Jemen: Der Hauptstadt Sanaa droht in den nächsten Jahren ein katastrophaler Wassermangel. Unaufhörlich laufen Pumpen, die aus immer tieferen Schichten das Grundwasser holen – wie lange noch? Ein Teil des Problems ist die Preisgabe des traditionellen jemenitischen Trockenklosetts zugunsten des europäischen Wasserklosetts. Das jemenitische Klo trennte Kot und Urin; dadurch wurde die Geruchsbelästigung minimiert, die vom Einheits-Plumpsklo ausgeht und uns in der Toskana dazu bringt, den ritiro mit seinem Sitz aus Carrara-Marmor im oberen Gang nicht zu benutzen.

Der Urin floss durch eine Rinne nach außen, er wurde für die Färberei gesammelt oder rann die Hausmauer hinunter und verdunstete. Der Kot fiel in einen tiefen Schacht, der im Erdgeschoss erheblich breiter war als oben, so dass die Toiletten der verschiedenen Ebenen des jemenitischen Hauses (das bis zu acht Stockwerke hoch ist) alle ihren eigenen Fallgang hatten. Diese Grube füllte sich im Lauf der Jahre mit trockenem Kot. Alle zehn Jahre wurde die Mauer der Grube aufgebrochen und der fast versteinerte Kot entnommen. Mit ihm wurden die öffentlichen Badehäuser beheizt.

TÜV

Unsere Fahrzeuge – Fahrräder ausgenommen – müssen jedes zweite Jahr auf ihren technischen Zustand überprüft werden. Es ist verboten, Mängel, die ein mündiger Lenker für vertretbar hält, durch besonders vorsichtige Fahrweise zu kompensieren. Der Porsche mit gültiger Plakette wird vom Gesetz für eine geringere Verkehrsgefährdung gehalten als der Fiat Cinquecento ohne eine solche. Dahinter steht eine Illusion: der Glaube an eine Fahrerpersönlichkeit, die grundsätzlich mit allen technischen Grenzen »nach oben« – Motorstärke, Geschwindigkeit – vernünftig umgehen kann, während ihr derselbe vernünftige Umgang mit den technischen Grenzen »nach unten« nicht zugetraut wird.

Psychologisch ist es allerdings gerade umgekehrt: Die Illusion der technischen Perfektion verführt zur Selbstüberschätzung; das Bewusstsein technischer Mängel zu Selbstdisziplin und Vorsicht. Die Selbstüberschätzung kann dazu führen, dass aus dem scheinbaren Sicherheitsgewinn ein zusätzliches Risiko wird. Auch mit neuen Reifen und ABS darf man bei Regen und Schnee nicht fahren, als sei die Straße trocken.

Es gibt gewiss verantwortungsvolle Fahrer, die niemals durch die schiere PS-Stärke und die vielen technischen Überlegenheiten ihres Wagens zu hohen Risiken verführt werden, und umgekehrt Verantwortungslose, die einen vierzehnjährigen Käfer mit defekten Bremsen und glatt gefahrenen Reifen über die Autobahn jagen. Die Frage an unsere gesetzlichen Regelungen ist aber die, welche Risiken wir in Kauf nehmen und welche wir vermeiden. Unser bisheriges Verhalten geht dabei in eine, wie es scheint, pädagogisch und psychologisch fragwürdige Richtung.

Verwöhnungs- und Anspruchsdenken werden durch die gesetzlichen Regelungen unterstützt. Der Technische Überwachungsverein ist eine Institution, die – neben einigen anderen, die DEKRA u. ä. heißen – gesetzlich vorgeschriebene Untersuchungen für Fahrzeuge vermarktet.

In den reichen Ländern, die sich einen hohen Grad an Verdummung leisten können, haben diese Vereine durchgesetzt, dass alle Fahrzeuge, die mit stärkeren Explosionsmotoren betrieben werden, in einem bestimmten Zeitabstand untersucht und in das gebracht werden müssen, was die entsprechenden Experten einen »sicheren Zustand« nennen.

Diese Untersuchung ist teuer, überflüssig und ein herausragendes Mittel, technische Dummheit zu fördern und den Durchschnittsbürger von den Maschinen zu entfremden, mit denen er täglich zu tun hat.

Der technische Untersucher geht davon aus, dass er die Normen kennt, die ein Fahrzeug »sicher« oder »verkehrsgefährdend« machen, aber er ignoriert die einzige ernsthafte Gefahrenquelle: den Fahrer. Der Maserati mit dreihundert Pferdestärken kommt problemlos durch die Untersuchung, weil seine Bremsen greifen und nichts rostet, die elektrische Anlage funktioniert und die Windschutzscheibe keinen Sprung hat.

Es gibt viele Länder, die solche Untersuchungen nicht kennen und es weitgehend der Verantwortung des Fahrers anheim stellen, welche Mängel seines Fahrzeugs er sich noch zutraut zu kompensieren. Dort fahren Autos, die für einen deutschen TÜV-Untersucher der reinste Albtraum sind, und es gibt nicht mehr Unfälle als hierzulande, dafür aber Fahrer, die mit beträchtlichem Geschick improvisieren und ständig lernen, wie sie durch ihre Bastelei ein Fahrzeug vor dem Schrottplatz bewahren können.

Anbeter des Fetischs vom technischen Fortschritt werden einwenden, dass veraltete Fahrzeuge mehr Treibstoff verbrauchen, die Umwelt mehr verschmutzen und Unbeteiligte stärker gefährden. Ich finde diese Einwände richtig, aber sie müssen gegen andere abgewogen werden: Auch die Produktion von Autos vergeudet Energie und verschmutzt die Umwelt, auch technisch sichere Autos gefährden Unschuldige, wenn sie zu schnell gefahren werden, wozu gerade die vom TÜV geschaffene Fiktion von Sicherheit die Fahrer verlockt. Unter dem hier gewählten Blickpunkt der Verdummung durch angebliche technische Fortschritte gebührt dem Pflicht-TÜV ein Ehrenplatz.

In einem Magazin stand im Dezember 1998 ein Bericht über Kraftfahrer in Kenia, deren Fahrzeuge ein findiger Redakteur von einem echten TÜV-Prüfer hatte untersuchen lassen. Die Originalität und Erfindungskraft der afrikanischen Kraftfahrer wird darin mit spöttischen Untertönen abqualifiziert, der dummstolze Ton des Prüfers in Rot hinzugedruckt. »Insgesamt hat dieses Fahrzeug 117 Mängel. Als Lkw ist es nur noch aufgrund der Umrissgestaltung einzustufen. Es würde zum Beispiel nichts ändern, wenn die rückwärtigen Beleuchtungsanlagen vorhanden wären, weil im Führerhaus die entsprechenden Schalter und Bedienhebel fehlen.«[20]

Der Fahrer hingegen hält sein Auto für ein Schmuckstück, auch wenn es schlecht anspringt (das ist milde gesagt: Es fehlt die Batterie, der Lkw muss entweder an einem Abhang geparkt oder angeschleppt werden). Rücklichter braucht er nicht, dann muss der Fahrer wenigstens nicht auch noch nachts arbeiten. Und wenn er Geld bekäme, um den zwanzig Jahre alten Wagen, der noch mindestens zehn Jahre laufen wird, zu reparieren, dann würde er ihn neu lackieren lassen, in Türkis, weil ihm diese Farbe gefällt.

Während der TÜV-Beamte den Mangel eines Fahrtschreibers, eines funktionierenden Tachometers, eines rutschfesten Bodenbelags, eines Warndreiecks und eines Verbandkastens moniert, basteln die afrikanischen Fahrer aus einer Plastikflasche einen Ersatz für den defekten Bremsflüssigkeitsbehälter und laden einen Stein ins Auto, der als Feststellbremse dient. Ein Reifen, der vom deutschen TÜV zwangsentsorgt wird, ist in Afrika noch praktisch neu; er wird bis auf den letzten Rest Profil abgefahren und dann noch sorgfältig weiterbenutzt, bis auch die Decke zerstört ist; aus den Flanken kann man immer noch bruchfeste Wassereimer und Schuhsohlen machen.

Auf einer Reise im Jemen habe ich auf dreitausendfünfhundert Kilometern keinen ernsteren Unfall beobachtet als den Zusammenstoß zwischen einem Auto und einem über seine Schubkarre gebeugten und deshalb für den Fahrer unsichtbaren Straßenhändler, der im stockenden Verkehr vor diesem Auto querte. Dennoch wäre kaum eines dieser Fahrzeuge durch den TÜV gekommen; fast allen fehlten Rücklichter

---

[20] Süddeutsche Zeitung Magazin Nr. 50, 11. 12. 1998, S. 22.

oder Scheinwerfer, viele waren zerbeult, hatten Löcher von Einschüssen in der Windschutzscheibe und Reifen ohne jedes Profil. Da alle um die Gefahren wissen und entsprechend vorsichtig fahren, passiert viel weniger als unter dem Eindruck des Sicherheitsdünkels auf mitteleuropäischen Straßen, wo die Selbstüberschätzung eher die Regel ist als die Ausnahme.

U

Urin

In einer Radiosendung und später in mehreren Büchern hat Carmen Thomas Material gegen die Einfallslosigkeit zusammengetragen, welche den zivilisierten Umgang mit Urin prägt. Sie deckt verschiedene tabuisierte Verwertungsmöglichkeiten auf: Mit Urin betupfte Pickel heilen schneller, Urin zu gurgeln hilft gegen Halsentzündungen, mit Urin durchnässter Sand ist ein tauglicher Wundverband. Urin lässt sich gut zu allen möglichen Reinigungsarbeiten, vom Wäschewaschen zum Fensterputzen oder Haarewaschen, verwenden. In der Schweizer Armee soll es üblich sein, das Taschenmesser nach Gebrauch unter dem Urinstrahl zu säubern. So wird verhindert, dass die Angel des Klappmessers durch eingetrockneten Obstsaft verklebt. Urin ist bei gesunden Personen praktisch steril.

In manchen Formen der Naturheilkunde, vor allem in Indien, gilt ein Glas Eigenurin, jeden Morgen getrunken, als wahrer Jungbrunnen und Antidepressivum.

Ein Beweis mehr, dass das WC ein sehr dummes Ding ist (→ Wasserleitung).

Waage

Maß und Gewicht sind fast so ehrwürdige Dingzusammenhänge wie Hammer und Sichel. Die alten Waagen sind kluge Dinge, die uns viel über die menschliche Neigung zu Illusionen sagen. Der Kraftaufwand, mit dem wir etwas heben, richtet sich zum Teil nach dem Widerstand der Schwerkraft, zum Teil aber auch nach unseren Fantasien über Volumen und Gewicht. Wollen wir wissen, wie schwer etwas ist, legen wir es nicht einfach auf die Hand, sondern wir heben es mehrmals hoch und prüfen sozusagen den Widerstand gegen die Erdanziehung. Wir vertrauen auf die Spannung in unseren Muskeln, die uns sagt, welche Kraft wir ausüben müssen.

Wenn wir das Gewicht von Eisenstücken oder Brotlaiben jeweils mit dem anderer Eisenstücke oder Brotlaibe vergleichen, finden wir leicht heraus, was schwerer ist. Jedoch ein Eisenstück zu finden, das genauso schwer ist wie ein Brotlaib, macht große Mühe und gelingt selten. In unserem Kopf konstruieren wir, ohne dass wir das beabsichtigen, ständig Welten, um uns zu orientieren. Daher ist das kleine Eisenstück subjektiv noch schwerer, das große Brotstück subjektiv noch leichter, als es die tatsächliche Relation zwischen ihnen ausdrückt.

Wenn ein Bauer Getreide hat und ein zweiter Rüben, wird der Tauschhandel erleichtert, wenn es möglich ist, die Ware zu wiegen und nicht darüber feilschen zu müssen, wie schwer sie jeweils ist. Wer mag, kann sich ausmalen, welches Geschrei die Märkte vor der Einführung von Maß und Gewicht erfüllte, bis sich die Schätzungen trafen. Und für eine spätere Zeit kann er sich vorstellen, wie wichtig genaue Gewichte für einen ehrlichen Handel sind, wie der unangesagte Besuch des Eichmeisters den betrügerischen Kaufmann verstört und misstrauische Hausfrauen ihr eigenes Gewicht in der Tasche tragen, mit dessen Hilfe sie das Pfund des Metzgers kontrollieren.

Die einfachste Waage ist auch die lehrreichste: die Balkenwaage. Die Gerechtigkeit hält auf alten Darstellungen eine solche Waage. Sie besteht aus zwei Schalen, die an beiden Enden des Waagbalkens hängen. Dieser wiederum ist in seiner Mitte beweglich aufgehängt und balanciert die Schalen so, dass die eine sofort herabsinkt, wenn das Gewicht in ihr nur ein wenig schwerer ist. Um sehr kleine Abweichungen zu erkennen, ist das sprichwörtliche »Zünglein an der Waage« nützlich; es bewegt sich in der geteilten Aufhängung des Waagbalkens und fällt mit ihm zusammen, wenn das Gewicht in beiden Schalen ausgeglichen ist.

Diese Waage braucht Gewichte. Entweder lege ich ein Gewicht in die eine Schale und dann so viele Äpfel oder Getreidekörner in die andere, bis beide Schalen in die Waagrechte kommen. Oder ich lege das Huhn, das gewogen werden soll, in die eine Schale und setze so viele passende Gewichte in die andere, bis das Gleichgewicht hergestellt ist.

Im Haushalt meiner bäuerlichen Großmutter stand noch eine Schalenwaage mit einem Satz von Gewichten aus Gusseisen und Messing, einige davon mit interessanten, eingeschlagenen Stempeln, weil sie einmal geeicht worden waren. Hier verlief der Waagbalken gewissermaßen unterirdisch in einem Stahlrahmen; zwei Zungen mussten auf gleiche Höhe kommen, dann war der Inhalt in der Waagschale genauso schwer wie die Gewichte auf der Waagplatte. Wenn Butter verkauft wurde oder das Mehl für einen Kuchen gewogen, leistete diese Waage ihren Dienst, sicher schon seit Generationen. Ich habe als Kind oft mit ihr gespielt und verschiedene Dinge gewogen; die Gewichte nahm ich gerne in die Hand und studierte ihre Formen und Prägungen.

Es gab im Hof, in einem Vorraum der Scheune, noch eine größere Waage, die mit ähnlichen Gewichten schwerere Lasten wog – darunter auch meine Mutter, die manchmal wissen wollte, ob sie zugenommen hatte, oder wir Kinder, die neugierig waren, was sie denn wogen und ob beispielsweise mein Bruder und ich schon schwerer waren als die Mutter. Es war eine so genannte Dezimalwaage, ein kluges Ding, das mit dem normalen Gewichtssatz der Küchenwaage und einigen etwas größeren Gewichten (es gab fünfeckige aus Eisen mit Bleieinguss und einem Ring sowie runde mit einem Hals wie eine Flasche) schwere

Säcke, Kisten und – wie gesagt – ganze Menschen, aber auch Schweine und Kälber wiegen konnte. Durch eine Hebelkonstruktion zwischen der Schaukel, auf die wir die Gewichte legten, und der tiefer gelegten, aus festem Holz gezimmerten Plattform für das Wiegegut wurden aus jedem Kilo zehn; das Fünfkilogewicht entsprach also einem Zentner, zwei Fünfkilogewichte dem Doppelzentner.

Auf dem Wochenmarkt in Passau benutzten die Händlerinnen noch eine andere Waage, die nach ihren Wurzeln in der Antike bis heute »römische Schnellwaage« heißt. Urlauber in Italien können sie manchmal heute noch in Funktion sehen. Hier balanciert ein Gewicht, das an einer skalierten Stange verschoben wird, die Schale mit dem ausgewogenen Obst oder Gemüse.

Die Küchenwaage meiner zweiten Großmutter, der städtischen Oma, die aus großbürgerlichen Verhältnissen kam, war moderner und langweiliger. Sie brauchte keine Gewichte. Sie hatte eine Skala mit einem Zeiger, der zeigte, wie viel Gramm oben auf dem Teller lagen. Es war eine Federwaage. Das auf den Waagteller gelegte Gewicht drückte eine Feder nieder, die – je weiter sie gedrückt wurde – umso energischer in ihre Ausgangsform (die Nullstellung) zurückkehren wollte.

Faszinierend war die Briefwaage meines Großvaters, die ich von ihm geerbt habe und die heute auf meinem Schreibtisch steht: Modell »Columbus«, auf einem Fuß aus Gusseisen mit Jugendstilornamenten, mit zwei gegenläufigen Skalen, null bis zweihundert und zweihundert bis tausend Gramm. Wenn ich sie in Ruhe stehen lasse und gelegentlich abstaube, können sicher auch meine Enkel noch auf ihr ihre Briefe wiegen, ohne jemals eine Batterie gekauft zu haben. Sie können sich in das Geheimnis der kunstvoll gekrümmten Hebel vertiefen, die dazu führen, dass der Widerstand gegen den Druck auf den Wiegeteller aus Messing (mit einer rundlichen Vertiefung, um auch gerollte Post zu halten) allmählich ansteigt.

Die Waagentechnik ist ein gutes Beispiel dafür, wie der Fortschritt sinnliche Eindrücke stiehlt. Sobald das Gewicht durch Mechanik, Hebel und Feder ersetzt wurde, war das ein Fortschritt, der glatte Oberflächen und Bequemlichkeiten auf Kosten von Lernmöglichkeiten und in ihrer Einfachheit elegantere, freilich zeitaufwändigere Lösungen produzierte. Immerhin verzichtete diese Entwicklung wenigstens darauf, im Wiegevorgang selbst Energie zu verschwenden und Sondermüll zu produzieren, wie das gegenwärtig die elektronischen Haushalts- und Personenwaagen, ja selbst Briefwaagen tun, die allesamt eine Batterie brauchen und den Nutzer durch flimmernde Digitalanzeigen irritieren.

Die Waage, einst erfunden, um der menschlichen Neigung entgegenzuwirken, sich Illusionen zu machen und die Gewichte der Dinge aufgrund eigener Fantasien zu verkennen, hat nicht standhalten können. Niemand braucht elektronische Waagen im Badezimmer oder im Haushalt. Ihre Arbeit kann schöner, verlässlicher, weniger störanfällig und sinnlich eindrucksvoller durch Gewicht, Hebel oder Feder geleistet werden.

Meine jüngste Waagengeschichte ist ein wenig verwickelt und persönlich, aber ich erzähle sie doch. Während einer Jemenreise hatte eine Tochter die Wohnung gehütet und – gegenwärtig mit Abnehmen beschäftigt – eine elektronische Körperwaage in unserem Badezimmer zurückgelassen. Ich ärgerte mich schon lange über meine Rettungsringe, hatte mich aber noch nie regelmäßig gewogen oder ernsthaft versucht abzunehmen. Jetzt, verlockt durch das Flimmerding, das hundert Gramm anzuzeigen versprach, probierte ich es. Ich stellte fest, dass sich mein angesichts der mehr aufs Überleben als auf Lustgewinn abgestellten jemenitischen Küche fast normal gewordenes Gewicht in deutlich messbaren Schritten wieder in den vertrauten, um einige Kilo zu hohen Bereich bewegte.

Da packte mich der Ehrgeiz, und ich beschloss mein Idealgewicht[21] zu erreichen – ohne spezielle Diät, aber mit dem Verzicht auf Bier und Wurst, mit dem Aufhören vor dem Übersättigungspunkt. Die elektronische Waage war dabei ein guter Helfer, denn – anders als die billige Federwaage, die meine Lebensgefährtin in den Haushalt mitgebracht hatte – zeigte sie Tugend und Sünde sofort. Sie meldete, dass eine

---

[21] Veraltete, aber brauchbare Regel zum gesunden Gewicht: Normal ist die Zahl der Zentimeter über hundert in Kilogramm. Ideal sind zehn Prozent weniger. Ich bin 178 Zentimeter groß, wog immer um die achzig Kilo und bin jetzt – letzte Auskunft von »Seca Alta« – bei 72,5.

längere Radfahrt und ein sparsames Abendessen ein Minus von fünf-
hundert Gramm ergeben, ein Schweinebraten mit Bier dasselbe in Plus.
Die meisten Badezimmerwaagen sind ungenau und um ein paar Kilo
zu freundlich, ähnlich wie die meisten Autotachometer ein paar Kilometer zu schnell sind.

So verhalf mir die digitale Genauigkeit zu meinem Idealgewicht, das
ich – mit kleinen Abweichungen nach oben – mit ihrer Hilfe halten
konnte. Eines Tages aber wurde die Waage verrückt. Sie zeigte bald
zwei Kilo zu viel, bald dreißig zu wenig, bald wieder einen genauen
Wert. Lag es an der Batterie? Eine Lithiumbatterie müsste eigentlich
viele Jahre halten. Dennoch wechselten wir sie aus. Der Laden, in dem
meine Tochter die neue Batterie kaufte, hatte kein Gerät, um zu
messen, ob nicht die alte noch genauso kräftig gewesen wäre. Die
Waage ging einen Tag und spielte dann wieder verrückt.

Ich versuchte es mit dem Kontaktspray, das mir schon so manchen
Weg in die Autowerkstatt erspart hat. Alle waren glücklich, denn die
Waage funktionierte wieder. Aber nur zwei Tage, dann war wieder alles
beim Alten.

Manufactum und der Flohmarkt

Die alte Badezimmerwaage war zu ungenau, die Elektronik hatte uns
im Stich gelassen. Im Manufactum-Katalog gab es Federwaagen mit
großen Skalen in Kiloschritten, geeicht, teuer, aber erschwinglich, und
eine Waage mit Schiebegewichten und Hundertgrammschritten, die
man in Standhöhe ablesen konnte und die über siebenhundert Euro
kostete.

Also kaufte ich für die Familie bei Manufactum eine Federwaage mit
großer Skala und unterdrückte meine Sehnsucht nach der »Seca Alta«,
wie die mechanische Konstruktion mit den Schiebegewichten hieß.
Aber jetzt hielt ich Ausschau auf dem Flohmarkt.

Seit seinen winzigen Anfängen bin ich Katalogleser und – deutlich
weniger begeistert – auch Kunde des Hauses Manufactum. Die dort
vertretene Haltung zu den Dingen, die Abneigung gegen Ex und Hopp,
das Interesse für Materialien und Reparaturfreudigkeit sprachen mir

von Anfang an aus dem Herzen. Je dünner die Kataloge noch waren, desto lieber las ich sie und habe viel aus ihnen gelernt.

Inzwischen finde ich das Unternehmen zu sehr von Elitedenken, Gewinnstreben und einem wachsenden Geltungsbedürfnis durchtränkt, um dort viel einzukaufen. Wohlgemerkt: Wenn ich es mit anderen Vermarktern vergleiche, die ihren Kunden mit hohlen Versprechungen und schundigen Produkten das Geld aus der Tasche ziehen, breche ich jederzeit nicht nur eine, sondern viele Lanzen für das (inzwischen vom Otto-Versand verschluckte) Angebot der »guten Dinge«. Die normalen Schundartikler sind nicht wert mit Namen genannt und kritisiert zu werden. Manufactum hingegen ist kritikwürdig, weil es die Gefährdungen zeigt, denen gerade gute Ideen auf dem Markt ausgesetzt sind; um die schlechten ist es ohnehin nicht schade.

Statt wie früher den guten Dingen zu dienen, regiert Manufactum jetzt über sie, belebt eigene Produktionsstätten, bläht sich zum Label, zum Logo und verlangt von den Kunden für dieses Logo hohe Summen zu zahlen.

Damit ist ein wichtiger Teil des ursprünglichen Gedankens verraten, der doch eine kritische Abkehr von der Mode enthielt. Mode und Design sind deshalb problematisch, weil sie dem Käufer häufig eine schlechtere Lösung andrehen. Der Kunde kann sich nicht vor dem falschen Versprechen schützen, etwas sei überlegen, weil es neu ist. Er nimmt die Vorzüge der Dinge, mit denen er schon vertraut ist, als selbstverständlich hin und überträgt sie auf ihre Nachfolger. Er kennt aber ihre Schattenseiten genau und will sie überwunden haben.

Wenn er in einen Laden geht und neben der Axt, die der Dorfschmied gemacht und geschäftet hat, steht zum ersten Mal eine, die schöner lackiert ist und nur die Hälfte kostet, wird auch der kluge Handwerker die billigere Axt kaufen. Wenn er dann herausfindet, dass die billige Axt nach fünf Jahren nichts mehr taugt, während die handgeschmiedete gute zwanzig ihren Zweck erfüllt, hat der Dorfschmied längst die Werkzeugmacherei aufgegeben, weil es sich für ihn viel mehr lohnt, kaputte Fahrräder zu reparieren.

Der Mensch ist ein vertrauensseliges Wesen und immer bereit, an Butter zu glauben, die nicht dick macht, an unzerreißbare Seidenstrümpfe oder an gesunden Schnaps. Und wenn er erfahren hat, dass die Butter, die er kennt, dick macht, die Seidenstrümpfe zerreißen und der Schnaps die Leber ruiniert, ist er stets willens, zu glauben, dass die neuen Design-Fette, -Seidenstrümpfe oder -Schnäpse diese Mängel überwunden haben.

Daher hat Oscar Wilde mit seinem bitteren Spruch so Recht, dass es nichts gibt, was nicht billiger und schlechter gemacht werden kann. Denn ihr Preis ist der erste Nachteil, den die Dinge auf dem Markt haben, und der Glaube, wir könnten sie gleich gut, aber billiger bekommen, ist die Wurzel vieler Verschundungen.

Heute gibt es einen noch tückischeren Appell, der die Preisillusion nicht durchschauen hilft, sondern sie wie einen Strumpf umdreht. Diese neue Illusion besagt, dass das teure Produkt die beste Qualität hat, einfach weil es teuer ist. Allein deshalb wird es alle Produkte übertreffen, die weniger kosten.

Wenn Verpackung und Reklame das Produkt nicht nur vermarkten, sondern – wie bei Kosmetika und Medikamenten – geradezu erschaffen[22], hat das bedenkliche Folgen für unsere Beziehung zu den Dingen. Es entsteht ein zynisches Verhältnis zwischen den Menschen, die etwas herstellen, und denen, die es verbrauchen. Die Frau, die eine Gesichtscreme kauft, glaubt schließlich wirklich, dass sie etwas Kostbares auf ihre Falten schmiert, während die Manager der Creme genau wissen, dass sie vor allem für die Verpackung, das Design der Dose und die Werbung zahlt.

Manufactum hat versprochen dieses zynische Verhältnis zu durchkreuzen. Inzwischen gewinnt der Leser des Katalogs den Eindruck, dass es oft nur gewendet wird. Die Sachen sind auf jeden Fall sehr teuer; ob sie deshalb auch besser sind, ist oft eine Glaubensfrage. Irritierend ist übrigens auch die Bezeichnung »Manufactum«, was Handarbeit heißt, während die Artikel selbst mit wenigen Ausnahmen (beispielsweise

---

[22] Eine gute Freundin arbeitete längere Zeit als Managerin in einer internationalen Kosmetikfirma. Sie sagte einmal: »Du glaubst doch nicht, dass in unserer Kalkulation die Grundstoffe überhaupt eine Rolle spielen. Die kannst du glatt vergessen. Die Packung zu füllen kostet vielleicht einen Euro, sie zu entwerfen, zu bewerben, zu vermarkten, zu verkaufen kostet dreißig.«

den handgeschmiedeten Äxten aus Schweden) Produkte der frühen Industriekultur sind, die von Maschinenarbeit dominiert war.

So viele gute Dinge, dass ein so dicker Katalog voll wird, kann es kaum geben; tatsächlich verschwimmt der Unterschied zwischen Manufactum und anderen elitären Versandhäusern mehr und mehr, seit Mode, Kosmetik und Nahrungsmittel in das Angebot aufgenommen wurden.

Nach wie vor ist der Manufactum-Katalog eine große Hilfe, um sich auf dem Flohmarkt zu orientieren, wo wir beispielsweise alte schwarze Telefone für fünf Euro und nicht für dreihundert finden können, wo Fleischwölfe, mechanische Waagen, Uhren, Fotoapparate und wohl erhaltene Werkzeuge auf den Kenner warten. Dort schmachten die guten alten Dinge einem Retter entgegen, der sie aus Wüsten von Nippes und wertlosem Schrott erlöst, statt bequem, langweilig, ohne Gefahr und Abenteuer im Katalog zu stehen.

Ein großer Teil der Münchner Flohmärkte ist in türkischer Hand; das wundert niemanden, der einmal durch die Gassen der Altstadt von Istanbul zum großen Basar gegangen ist. In der Türkei gibt es, wie überall im Orient, im Straßenmarkt auch den alten Mann, der ein paar Kröten verdient, weil er anbietet, die Passanten zu wiegen. Hier stehen die alten medizinischen Personenwaagen des Westens am Straßenrand, liebevoll poliert und bewacht. Ein türkischer Flohmarkthändler würde ein Auge haben für eine gute alte mechanische Personenwaage.

Wochen später begegnete mir tatsächlich eine »Seca Alta« auf dem Flohmarkt, nur ein wenig verkratzt, gut in Schuss. An der Schraube für die Feinregulierung hing eine Petroleumlampe, auf der Standfläche lag ein Stapel Bücher, der Verkäufer war ein schnurrbärtiger Türke, der sonst vor allem Staubsauger und gebrauchte Fernsehgeräte anbot. Wir kamen ins Gespräch, ich räumte die Waage ab, probierte sie aus, sie schien genau zu sein. So konnte ich nicht widerstehen. Ich habe sie sogar quer durch die Stadt mit dem Fahrrad nach Hause gebracht, sie auf dem Gepäckträger balanciert, durch den Regenmantel notdürftig gepolstert, weil der Türke, der sie mir für fünfzig Euro verkaufte, sie nur für zwanzig Euro mehr nach Haus liefern wollte.

»Bist du verrückt? Niemand verkauft eine Waage, die noch geht.«

Meine Tochter ist im Geist der freien Meinungsäußerung erzogen. Das hält die Eltern jung und verhindert ihre Versteifung in Würde. Die »Seca Alta« hatte sie gegen sich aufgebracht, weil sie – anders als die Waage in ihrem Zimmer – ein Kilo mehr anzeigte. Ich suchte nach einem passenden Gewicht, um die Waage zu prüfen, fand schließlich eine Hantel mit Eisenscheiben. Auf dem Flohmarkt gibt es stets ein großes Angebot an Trimmgeräten, die einst voll Enthusiasmus erworben wurden und nun, chronisch nicht benutzt, den Besitzer durch ihre Staubschichten so beschämen, dass sie billig zu haben sind. Diese Hantel war eines davon, ein massives Ding mit einer polierten kurzen Stange aus Stahl und zwei arretierbaren Federn, die auswechselbare Scheiben gegen einen übergeschobenen Plastikgriff drücken. Sehr viel gebraucht wird sie auch bei uns nicht. Sie trägt Scheiben von zweieinhalb Kilo, zwei geben fünf.

Die »Seca Alta« zeigte vier Kilo und achthundert Gramm.

Jetzt wurde ich neugierig.

Ich holte die Küchenwaage aus dem Schrank, ein Erbstück meiner Mutter mit verschiebbaren Gewichten, im Prinzip dem Mechanismus der »Seca Alta« vergleichbar. Ich korrigierte mit dem Eichgewicht die Nullstellung und wog die Hantelgewichte.

Auch sie zeigte vier Kilo und achthundert Gramm für die beiden Metallscheiben mit dem gegossenen Zeichen 2.5 KG.

Eine Einzelne wog exakt zweitausendvierhundert Gramm.

Ihr Fitnessgläubigen – möge die Last eurer Hanteln leicht sein!

Ihr Übergewichtigen – möge die Waage freundlich zu euch sein!

Waffennarr

Die Waffe ist für die Dingpsychologie das vielleicht wichtigste Gerät. Seit Menschengedenken hat sie magische Qualitäten, sie spendet Macht, Rang, Wesen. Es ist zumindest tröstlich, dass die älteste Waffenbeschreibung in der Literatur des Abendlandes, der Schild des Achill, eine Defensivwaffe betraf. Das hat sich jedoch längst geändert, seit die Herrschaft über Explosionen Kindersoldaten in Street Gangs und Bürgerkriegsarmeen eine Macht in die Hände gibt, die im Denken der Antike dem Blitze schleudernden Zeus vorbehalten war.

Die folgende Geschichte versucht einen Teil dieser Faszination mit erzählenden Mitteln zu erfassen. Sie wurde ausgestoßen durch die Tat eines kaum Zwanzigjährigen, der sich in einer nördlichen Vorstadt Münchens mit zwei Pistolen, Handgranaten und Rohrbomben bewaffnete (alles unauffällig in einem Sportrucksack verpackt) und mit einem Taxi (dessen Fahrer ihn nachher als höflichen jungen Mann schilderte, der ein angemessenes Trinkgeld gab) erst zu seiner früheren Arbeitsstätte bringen ließ, wo er zwei ehemalige Vorgesetzte erschoss, dann weiter zu seiner früheren Schule, wo er den Direktor und dann sich selbst mit seiner auf dem Schwarzmarkt gekauften Pistole tötete.

Wer Waffen trägt, wird selbst gefährlich und kann sich nicht mehr vorstellen, dass ein anderer weniger gefährlich ist als er selbst. Hier die Geschichte vom Waffennarren:

Es begann damit, dass er Taschenmesser sammelte, sich die Nase platt drückte an den Fenstern der Läden im Bahnhofsviertel, wo sie glänzten in allen Größen.

Wer die richtige Waffe hatte, der war ein Held. Der erbärmliche Kuhhirte fand auf seinen Wanderungen über die Weidegründe von Cornwall einen Stein, in dem ein Schwertgriff steckte. Er zog daran, und der Stein entließ das Schwert, es glänzte in der Sonne, und bald wussten es alle: Er, der das Schwert aus dem Stein gezogen hatte, war auserwählt, er würde der König sein und alle würden ihm dienen, solange er das Schwert führen konnte.

Das war die Geschichte von König Artus. War er ein Waffennarr? Oder die Geschichte von Thengel, dem einst mächtigen König von Rohan. Irgendwann versteckte ein betrügerischer Ratgeber sein Schwert und behauptete, Thengel müsse sich von der Last seiner Waffe erholen. Und schon wurde er täglich schwächer und wäre zu einem kriechenden Feigling geworden, wenn ihn nicht Gandalf gerettet hätte: In der Tat, die Arme erinnerten sich an ihre alte Kraft, sobald Thengel das Schwert wieder in Händen hielt.

Und schließlich Karl May, der Unübertroffene, der als Old Shatterhand und als Kara Ben Nemsi immer mit zwei Gewehren reiste, dem vielschüssigen Henrystutzen und dem weit reichenden Bärentöter. Damit war er allen überlegen.

Ist man nicht ständig umgeben von anderen, die nichts anderes behaupten als: Sieh mal, ich bin stärker, ich bin besser, ich bin beliebter bei den Lehrern, ich bin geschickter im Sport, meine Eltern haben mir ein Bike mit Federgabel geschenkt, wir waren im Urlaub in Florida? Die anderen sind stärker, sie gehören zusammen, sie lachen, wenn einer von ihnen etwas sagt, und wenn du etwas sagst, lacht keiner, bis ein anderer was dagegen sagt, und dann lachen alle.

Dann gehst du nach Hause, und auf dem Heimweg dringst du nachts in das Lager ein, wo die Bösen schlafen. Mitten zwischen den Bösen sind die Guten, die gefoltert werden, wenn du sie nicht rettest. Du hast dein gutes Messer, dein Kampfmesser, das mit der schwarz mattierten Klinge, die nicht im Licht blitzt und dich nicht verrät. Haarscharf ist es, einer nach dem anderen müssen sie sterben, die Bösen, sie merken es kaum, kein Laut kommt von ihnen. Dann bist du im Zentrum, bei den Bambuskäfigen, wo die Gefangenen sind, und dein Messer zieht durch die Lederriemen, mit denen sie gefesselt sind, wie durch Butter, du führst sie aus dem Lager zu dem Kahn, den du am Fluss versteckt hast, und dann fährst du mit ihnen in die Freiheit. Wenn die Sonne aufgeht, sehen alle den, der sie gerettet hat. Jetzt bist du ein Held.

Aber dann kommst du zu Hause an, und es gibt Essen wie immer und die dummen Fragen wie immer, und die Mutter jammert, dass der Alte so viel Geld im Wirtshaus lässt – du kannst es nicht mehr hören. Du gehst auf dein Zimmer, holst das Kampfmesser aus der Schublade, hältst die Schneide gegen das Licht. Wenn du die Klinge richtig hältst, dann siehst du links und rechts einen silbernen Faden und dazwischen nichts, gar nichts, und dieses Nichts ist der Tod, der von deinem Messer kommt, wenn du es jemandem durch den Hals ziehst oder von unten über den Bauch – nur Anfänger stechen von oben, wie die Kämpfer im Schmierentheater, denn bei diesen Stichen verletzt du dich selbst, wenn der Gegner ausweichen kann.

Irgendwann reichen dir die Messer nicht mehr, du weißt schließlich, wie hilflos du mit einem Messer gegen eine Schusswaffe bist. Das Messer ist für die Nacht, aber wenn du dich am Tag sicher fühlen willst, dann brauchst du einen Smith-&-Wesson-Revolver oder eine Walther-Automatik, die du unter dem Hemd auf dem Rücken im Gürtel stecken hast.

Als Erstes besorgst du dir einen Schreckschussrevolver. Der sieht scharf aus und liegt schwer in der Hand. Du kannst ihn laden und entladen, aber wenn du es ernst meinst, wirst du nie ganz damit zufrieden sein, dass der Lauf plötzlich enger wird und keine Kugel durchlässt, sondern nur den Rauch und den Knall und das Reizpulver bei den Tränengaspatronen.

Du musst lange sparen und viel herumstromern um den Haupt-bahnhof oder frühmorgens auf dem Flohmarkt, wenn die Händler erst aufbauen und die besten Geschäfte hinter den Autotüren laufen, aber irgendwann, wenn du es ernst meinst, wirst du das echte Ding haben. Dann bist du erwachsen und wirst die Jungs verachten können, die mit ihrem Schreckschussteil angeben.

Jetzt hast du kein Spielzeug mehr in der Hand, sondern dein Leben. Du kannst es laden, mit einem Leben nach dem anderen, jede dieser kleinen, glänzenden Patronen ist mächtiger und stärker als ein Feind, mag er noch so groß sein und noch so viele Muskeln haben, du steckst sie alle in das Magazin, eine nach der anderen, der Druck der Feder wird immer stärker, bis keine Patrone mehr hineingeht. Dann schiebst du das Magazin in den Schacht, du hörst den satten Klang, wenn es einschnappt, du lädst durch. Aus jeder Ecke des Zimmers kommen sie, mit Baseballschlägern und Schmetterlingsmessern, die Eingebildeten, die Auslacher, die Bösen. Keine Angst, sie können dir nichts anhaben, sie haben keine Chance gegen deine Waffe, wie gut, dass du das große Kaliber und die Bleigeschosse genommen hast, unübertroffen für die stopping power in engen Räumen, die Wucht des Aufpralls wirft sie hintenüber und sie rühren sich nicht mehr.

Jeden Abend vor dem Einschlafen blätterst du in den Handbüchern und in dem großen Katalog aus Houston, in dem die Namen stehen, die schon immer wie Magie klangen: Colt-Peacemaker, Smith & Wesson Magnum, Remington, Mauser, Winchester, Enfield, Glock, Uzi. Du trägst den winzigen Derringer, der doch die großen Kugeln vom Kaliber 45 abschießt, tödlich auf kurze Entfernungen. Die Schrotflinte, Kaliber 12, mit abgesägtem Lauf: Wer davor keinen Respekt hat, der ist durch nichts zu beeindrucken. Die eleganten Killer bevorzugen kleine Kaliber wie die 22er, sie sind ihres Ziels sicher. Wer in die Stirn trifft oder ins Herz, der braucht keine schwere Munition. Jeden Abend, über deinem Katalog, sammelst du deine Schutzengel um dich und lässt noch einmal Gnade vor Recht ergehen gegen deine Feinde.

Unermüdlich und gerade in der Unmöglichkeit, sie endgültig zu lösen, immer wieder sehr befriedigend wägst du die Vorteile des Revolvers gegenüber der Automatik. Am besten ist es, beides zu tragen: den zuverlässigen, langsamen Repetierer, bei dem die nächste Patrone mechanisch weitergedrückt wird vor den Lauf. Da gibt es keine Ladehemmung, jeder Narr weiß, ob er die Waffe gesichert trägt oder der Hahn schon gespannt ist und bei der leisesten Berührung losgeht.

Eleganter, flach am Körper zu tragen, schneller in der Schussfolge, aber auch empfindlicher ist die Automatik. Sie spuckt leere Hülsen aus – schlecht, wenn du nicht entdeckt werden willst, denn der Schlagbolzen deiner Waffe signiert jede Patrone.

Das tschechische Fabrikat und die kleine Beretta und die Munition unter der losen Diele sind schon ein Anfang. Wenn du dich nicht gut fühlst, reicht es oft schon, in den alten Steinbruch zu fahren, die Waffen im Rucksack, und irgendwo, wo der Schall von den Büschen verschluckt wird, die Automatik zu heben und abzudrücken. Das ist besser, als das Messer in einen Baum zu werfen wie früher. Was vor deinen Lauf kommt, gehört dir.

Wenn dich jemand nicht respektiert, kann das gefährlich für ihn werden, viel gefährlicher, als er ahnt. Dich aber beruhigt es, du hättest ihn zehn Tode sterben lassen können und hast ihm großzügig jeden davon erspart – er soll es nur nicht zu weit treiben.

Wartungsfrei, pflegeleicht

Die Zwänge der Landarbeit sind in allen Kulturen hart, die militärische Ideale pflegen und – anders als die Altpflanzer in den Tropen – organisierte Kriege führen. Sie bringen Menschen dazu, über die Schmerzgrenze hinaus zu arbeiten. Dadurch wird der Körper missbraucht, er rächt sich durch frühen Verschleiß. Körperliche Arbeit verliert an Eleganz, Mühelosigkeit, an Aufmerksamkeit für den organischen Ablauf der Bewegungen. Wo der Leistungssportler zum Vorbild wird, kostet der Kick des frühen Erfolgs oft die lebenslange Pflege von Schäden an Knorpeln und Sehnen. Schlimmer als die Schmerzen des Invaliden sind seine Depressionen: Wer sich in körperliche Arbeit peitscht, gefährdet sein Selbstgefühl, wenn der so überforderte Organismus an einer Stelle reißt oder bricht.

In der modernen Gesellschaft ist Handarbeit etwas geworden, das kein Prestige trägt. Ein Bild von körperlicher Arbeit als übler Schinderei führt dazu, dass die Werbung dem durch Bewegungsmangel geschädigten Büromenschen die vom Servosklaven entlastete Freizeitgestaltung andienen kann. So wird der Motormäher für den Rasenfleck, die elektrische Bohrmaschine für zwei Dübel, der elektrische Brotschneider für die Kleinfamilie zur komfortablen Selbstverständlichkeit, auf die kein Einsichtiger verzichtet.

Die Geräte sollen aber nicht nur Muskelarbeit ersparen, sondern sie sollen auch garantiert problemlos funktionieren, wartungsfrei.

Wer seine Geräte selbst wartet und pflegt, erwirbt eine unersetzliche Einsicht, die bereits Macchiavelli für Ärzte wie für Politiker gleichermaßen formuliert hat. Ich habe sie schon beim Fahrrad zitiert: Solange Übel leicht zu beheben sind, sind sie schwer zu erkennen; sobald sie aber leicht zu erkennen sind, sind sie schwer zu beheben. Das gilt für die meisten Krankheiten wie für viele politische Entwicklungen. Während die Technik, die gewartet werden muss, unseren Geist darin schult, kleine Übel rechtzeitig zu erkennen und Abhilfe zu schaffen, solange dies noch mit einfachen Mitteln möglich ist, entfaltet die

Technik der Konsumgesellschaft ein pädagogisches Programm, das mir besonders eindrucksvoll in einem griechischen Hotel begegnet ist.

Es lag am Piräus, wo das Meer nahe ist und Eisen schneller rostet als anderswo. Ein sorgfältiger Mensch denkt daran und pflegt seine Türschlösser mit einem Tropfen Öl. Aber dort tat das niemand, so dass immer wieder Türen aufgebrochen werden mussten, um den Gästen Zutritt zu verschaffen. Als ich die Toilette in der Halle aufsuchte, brach bei dem Versuch, die Tür wieder zu öffnen, der eingerostete Riegel. Ich musste eine halbe Stunde ausharren, ehe der Manager verständigt war, der das Türblatt mit einem schweren Hammer zertrümmerte, um mich zu befreien.

Meine Großmutter hatte bei ihrer Nähmaschine ein Fläschchen mit speziellem Nähmaschinenöl. Moderne Nähmaschinen sind verkapselt und brauchen kein Öl. Der 2CV von Citroën wurde mit einer Kurbel geliefert, mit deren Hilfe man ihn starten konnte, wenn die Batterie versagte. In den Betriebsanleitungen der Motorräder, mit denen ich als Jugendlicher zu tun hatte, waren detailliert alle notwendigen Wartungsarbeiten beschrieben. Die Schlösser der Türen waren bis vor hundert Jahren fast durchweg Kastenschlösser, die regelmäßig an bestimmten Stellen geölt wurden. Die meisten alten Getriebe, zum Beispiel an Winden oder an der bäuerlichen Häckselmaschine, arbeiteten mit sichtbaren Zahnrädern, die regelmäßig geschmiert werden mussten.

Die einfachste Form der Wartung ist die genaue Betrachtung (Inspektion). Durch sie werden Fehlfunktionen früh erkannt. Um sie vornehmen zu können, muss der Benutzer eine Vorstellung von dem Aufbau und der Funktion der einzelnen Teile seines Geräts erwerben.

Unter dem Aspekt der Bequemlichkeit und der Herstellung von Expertenabhängigkeit ist die wartungsfreie Technik die überlegene Technik. Aber sie verdummt den Nutzer und grenzt ihn aus (oft buchstäblich, weil wartungsfreie Technik fast immer hinter Gehäusen verborgen ist und oft auch nicht mehr repariert, sondern mit dem Gehäuse ausgetauscht wird). Und sie steckt an. Wartungsfreie Technik gewohnt, vernachlässigen viele Menschen sich selbst wie ihre Geräte. Es gibt keinen täglichen Anstoß mehr, sich klar zu machen, dass sorgfältige Pflege Funktionen erhält und Lebensdauer verlängert.

Wasserleitung

Wasser ist weder klug noch dumm, sondern lebensnotwendig. Dumm ist die Wasserleitung, das heißt ein System, durch das das Wasser verborgen zu den Stellen fließt, wo es gebraucht wird. So ist es komfortabel jederzeit verfügbar, wenn ein Mensch trinken, kochen, sich selbst oder eines seiner Dinge reinigen und schließlich seine Ausscheidungen möglichst geruchlos entfernen möchte. Dadurch wird das Wasser trivial, es fließt kurz an uns vorbei oder durch uns dienstbare Dinge hindurch, es verliert alle Qualitäten von Kostbarkeit, alles Herzöffnende, das wiederzufinden wir dann weite Strecken zurücklegen, um das Meer zu sehen, an einem Seeufer zu wandern, lebensgefährliche Klettereien in Wildbächen oder kaum weniger riskante Paddel- und Schlauchbootfahrten zu unternehmen.

Die geradezu lebensgefährliche Dummheit des Wasserklosetts ist unter dem Eintrag »Toilettenpapier« beschrieben. »Water runs to money« ist ein Spruch, der uns jedes Jahr mehr zu denken geben wird. Wasser läuft heute nicht mehr seine natürlichen Wege bergab, sondern es wird dorthin gezwungen, wo Geld ist. Blühende Landschaften werden zur Steppe, weil irgendwo mehr Reichtum und Macht sitzen und dafür sorgen, dass jenen das Wasser entzogen wird. Stolze Gebirgsflüsse werden schmutzige Rinnsale, ehe sie die Ebenen erreicht haben, deren Bauern einst von reich bewässerten Feldern leben konnten; Ströme versiegen weit vor ihrer Mündung, weil irgendeine Talsperre jedes Jahr mehr Rasensprenger und Swimmingpools versorgen muss.

Es war die Zeit der größten Trockenheit, der letzte Regen war im Mai gefallen und er war nicht reichlich genug gewesen. Im Juli hatten sich die Maisbauern noch mit künstlicher Bewässerung geholfen, aber als jeden Tag die Sonne in denselben wolkenlosen Himmel stieg und die spärlichen Gewitter sich mit kurzem Wolkenzauber und Donnergrollen wieder auflösten, ohne dass mehr als einige Tropfen fielen, standen die Sprühanlagen still, der Rasen, der nicht mehr gewässert werden durfte, verdorrte, und immer öfter kam kein Wasser mehr aus den Leitungen – und wenn es dann kam, war das Reservoir gleich wieder erschöpft.

Der Bürgermeister hatte überall Plakate anbringen lassen, die zu Sparsamkeit rieten, den Villenbesitzern verboten, die Rasensprühanlagen, den Bauern, die Bewässerungspumpen zu betreiben.

Der Leiter der Wasserwerke kam mit einem Plan, im Gebirge eine neue Talsperre anzulegen. »Es wird sehr teuer werden«, sagte er. »Alle Möglichkeiten in der näheren Umgebung haben wir ausgeschöpft. Die Bauern sind wütend, weil der Grundwasserspiegel sinkt und viele Bäume verdorren, die hundert und mehr Jahre die heißesten Sommer überstanden haben.«

Am nächsten Morgen kam die Sekretärin und sagte, eine junge Frau sei draußen, eine Landschaftsarchitektin, die behaupte, sie könne das Wasserproblem mit einem Bruchteil der Kosten lösen, die ein neues Aquädukt und die Talsperre verursachen würden. Der Bürgermeister war neugierig und nahm sich eine Viertelstunde Zeit. Die Frau war blond und trug ein einfaches Kostüm aus ungebleichtem Leinen über einem weißen T-Shirt. Sie brachte Papiere in einer Mappe. »Sie wollen also etwas erreichen, was die Spezialisten der Wasserwerke nicht zustande bringen!«

Sie lächelte und nickte. »Ich suche in einer ganz anderen Richtung. Ihre Leute überlegen immer nur, wo sie einen noch tieferen Brunnen bohren oder einen weiter entfernten Gebirgsbach aufstauen und anzapfen können. Sie planen neue Leitungen, wachsenden Verbrauch, größere Reservoire. Aber sehen Sie hier!«

Sie zeigte ihm einen Plan, in dem er allmählich das Leitungsnetz seiner Stadt, die Fördermengen der Brunnen und die Aquädukte erkannte. Neben den blauen Adern standen jeweils Zahlen; an den einzelnen Brunnen ebenfalls. Manche dieser Zahlen waren blau, andere rot.

»Es ist einfach«, erklärte sie. »Kein Leitungsnetz ist dicht. Wir haben zum Teil Leitungen aus dem vorigen Jahrhundert. Die Zahlen drücken die Differenz zwischen dem Wasservolumen aus, das bei den Bürgern ankommt, und dem, das aus den Brunnen herausfließt.«

»Dann versickert so viel Wasser, wie das neue Projekt uns bringen würde, jede Stunde ungenützt im Erdreich?«

»Man könnte sagen, es hält den Grundwasserspiegel in der Stadt hoch und ist deshalb nicht ganz nutzlos. Aber Sie haben Recht.«

»Warum hat mir mein Direktor das nicht gesagt?«

»Das müssen Sie ihn fragen. Aber ich denke, er hält diesen Schwund für unausweichlich, das tun viele Ingenieure. Es würde Unsummen kosten, sagen sie, die alten Leitungen zu reparieren. Aber ich denke eher, es ist eine Frage, für welche Investitionen wir uns entscheiden. Ich garantiere, dass ich mit der Hälfte der Kosten einer neuen Talsperre die Verluste um achtzig Prozent vermindern kann. Außerdem würde ich, wenn Sie mein Projekt unterstützen, die Tarifstruktur ändern. Wer eine quotierte Mindestmenge verbraucht, bekommt das Wasser billig. Von da an steigt der Preis ständig, so dass es sich für jeden Haushalt lohnt, nicht mehr zu verbrauchen als notwendig. Das System bricht im Sommer zusammen, weil niemand daran denkt, seinen Verbrauch zu begrenzen, ehe nicht alle Vorräte erschöpft sind. Er wird also möglichst viel verbrauchen, um nicht zu kurz zu kommen, wenn nichts mehr aus dem Hahn fließt. Dann wird er alle Hähne offen stehen lassen. Wenn das Wasser wieder seinen Haushalt erreicht, wird ein großer Teil gleich in die Kanalisation fließen, ein anderer als Vorrat in seine Badewanne oder in sein privates Reservoir.«

Diese kleine Geschichte geht (und das ist leider nur allzu realistisch) davon aus, dass wir die Wasserleitung intelligenter machen könnten. Aber wäre es nicht noch klüger, sich ganz von dieser Dummheit zu befreien und so veraltete Dinge wieder einzuführen wie den Stadtbrunnen, zu dem jeder gehen und seinen Bedarf schöpfen kann? Denn auf diese Weise entsteht der Zwang, Wasser als Kostbarkeit zu behandeln, die nicht vergeudet werden darf, welcher mit anderen Mitteln (wie der vorgeschlagenen Tarifpolitik) niemals so zuverlässig erreicht werden kann.

Die Kultur der öffentlichen Brunnen ist heute nur noch dem Historiker bekannt. Es ist eine Kultur, dem Wasser Würde und Wert zu geben und dem Menschen eine soziale Beziehung zu diesem Element anzubieten, deren Bedeutung wir erst dann genauer erkennen, wenn wir sie verloren haben. Diese Wasserstellen sind heute allenfalls touristische Attraktionen. Es gibt wunderschöne davon, in Rom eine ganze

Spanne von der Antike bis zum Barock, in Nürnberg hochgebaute gotische Filigrane. In Venedig schmückt jeden Platz ein Zugbrunnen.

Heute sind nur noch die Brunnenköpfe zu sehen. Sie sind oft in der Form von Säulenhäuptern gearbeitet. Es waren raffinierte Anlagen zwischen Zisterne und künstlicher Quelle. Das Pflaster war so angelegt, dass der Regen gesammelt wurde und in eine nach außen mit Lehm abgedichtete Sandfüllung floss. In der Mitte dieses riesigen Sandvolumens, das gelegentlich ausgewechselt wurde und als Filter diente, war der Brunnenschacht, aus dem die Anwohner gereinigtes Wasser schöpfen konnten. Ich vermute, dass die Venezianer diese Technik den Arabern abgeschaut haben, deren Moscheen mit großartigen Zisternenbrunnen ausgerüstet waren. In Kairouan (Tunesien), wo eine der schönsten dieser uralten Moscheen steht, ist der ganze riesige Hof einst Brunnen für die Gemeinschaft gewesen. Heute sieht man noch die von den Zugseilen zu einem bizarren Rinnenmuster gestalteten Schöpflöcher.

»Mein« eindrucksvollster Brunnen steht in Orvieto. Der Pozzo San Pancrazio verbindet durch eine doppelte Wendeltreppe, die für Mensch und Esel gleich gangbar ist, die auf einer Felskuppe gelegene Stadt mit dem Grundwasser, das in der Ebene schläft. Wie eine Säulenhalle, die sich in die Tiefe schraubt, aus dem Licht in die Dunkelheit und wieder zurück, mit zarten Farnblättern in den Tuffsteinen, lässt er den zufälligen Besucher jeden beneiden, der Tag für Tag sein lebensnotwendiges Wasser aus diesem Schneckengang holen muss. »Treffen wir uns morgen am Brunnen?« – »Ja, um die Mittagszeit!«

Heute fehlt den mit einem Pumpkreislauf ausgerüsteten und arg verschmutzten Monumentalbrunnen ihre entscheidende Qualität für das Wohlbefinden der Bürger. Sie bewahren nicht mehr die Würde und Reinheit des öffentlichen Wassers, sondern sparen für die verborgene Verschwendung. »Aqua non potabile«, kein Trinkwasser, steht auf gut sichtbar angebrachten Schildern für jene Aberwitzigen, denen ihre Eltern noch nicht beigebracht haben, dass man Wasser nur aus etikettierten Flaschen trinken kann.[23]

---

[23] Den Mut zur Ausnahme habe ich jüngst in Brixen in Südtirol gefunden: Dort steht an zwei Brunnen in Domnähe »Trinkwasser – aqua potabile«.

Der öffentliche Brunnen ist ein kluges Ding, nicht nur weil er uns hilft weise zu bleiben, was die Verschwendung von Wasser und das Aussaugen der Grundwasserschichten angeht, sondern auch weil er von selbst soziale Kontakte stiftet und erhält, die – wenn er erst verschwunden ist – mit künstlicher Mühe durch Nachbarschaftszentren und Sozialpädagogen zurückgewonnen werden müssen. Heute lesen wir, wie ein Rentner erst dann in seiner Wohnung gefunden wurde, als der Leichengeruch das Treppenhaus verpestete.

Vereinsamung gehört zur Kultur der Wasserleitungen wie sozialer Kontakt zur Kultur der öffentlichen Brunnen und Bäder. Eine der elementarsten Ausdrucksformen von Respekt ist, dass wir uns zu einem anderen bemühen, ihn nicht einfach antanzen lassen. Diesen Respekt vor dem Wasser schenken uns Brunnen und Quelle, Waldbach und Tümpel, Fluss und See. Niemals hätte die Verschmutzung der öffentlichen Gewässer so weit gehen können, wenn es kein Leitungswasser gäbe.

Die Mythologie der Wasserleitung hat mit den Themen der Unsterblichkeit und der Macht über Leben und Tod zu tun. Jeder kennt eines der Märchen über das Wasser des Lebens; die unsterblichen Götter sind deshalb ewig jung, weil sie von einem Nektar kosten, den sonst niemand haben kann. Fließendes Wasser im eigenen Haus heißt Macht über ein Lebenselement, das wir kürzer entbehren können als alle anderen mit Ausnahme der Luft, die so reichlich vorhanden ist, dass nicht sie selbst, sondern nur ihre Sauberkeit ein knappes und teures Gut werden kann. Das wohl abgedichtete Auto, in dessen Innenraum nur gefilterte und klimatisierte Luft gelangt, ist die Metapher des gekachelten Bades im Luftraum.

Das WC

Der römische Kaiser Vespasian hat öffentliche Bedürfnisanstalten eingerichtet und den gewonnenen Urin an die Färber verkauft, welche diesen Stoff brauchten. Urin zersetzt sich zu Ammoniak, und die Färber wussten seit langem, dass sich dieses Mitel besser als alle anderen eignet, Wollstoffe zu entfetten. (Ein Junge, der in ein Fass pisst, war im Wappen der Färberstadt Saalfeld in Thüringen.) Sein Sohn Titus stellte ihn zur Rede: Wie könne ein Kaiser so anrüchige Geschäfte machen? Vespasian gab ihm eine Münze und ließ Titus daran riechen. »Non olet«, musste dieser gestehen. Geld stinkt nicht.

Die »Vespasiani«, wie sie heute noch in Italien und Frankreich heißen, waren reine Urinale und das Urin-Recycling der Färber sicher eine klügere Lösung als die moderne Kanalisation. Für den Kot gab es in der Antike in den Thermen luxuriöse Marmorsitze, bis zu zehn nebeneinander, unter denen ein ständiger Wasserstrom floss. Schon damals warnte der berühmte Arzt Galen davor, Fische zu essen, die im Unterlauf Kot führender Flüsse gefangen worden waren.

Die ausgeklügelten Bewässerungssysteme der Antike verfielen sehr schnell, wenn sie nicht gewartet wurden. In Aquincum, dem heutigen Budapest, haben die Ausgräber nachgewiesen, dass schon wenige Jahrzehnte nach dem Abzug der Römer das System der Aquädukte und Kanäle verfallen war, sicher zur Freude der Donaufische. Das Wasserklosett ist eine britische Erfindung, die zweimal gemacht wurde.

Während in florentinischen Palästen noch kleine Abtritte mit steilen Fallrohren gebaut wurden und im Schloss von Versailles Diener mit tragbaren Leibstühlen zu verhindern suchten, dass die Edelleute in die Winkel der Gänge pissten, hatte in England ein Mündel der Königin Elisabeth ein Wasserklosett erfunden, das mithilfe zweier Tanks und eines verschließbaren Beckens die Exkremente weitgehend geruchlos entsorgte. Es war aber sehr aufwändig und teuer, nur für Reiche geeignet.

Der Geruchsverschluss mithilfe eines Siphons, in dem das Spülwasser selbst das Fallrohr abdichtet, wurde von Alexander Cumming 1775 patentiert. Seine Erfindung ist ebenso genial wie verhängnisvoll, vor allem seit das komplette WC in Sanitärporzellan zu einem Massenartikel wurde. Es ist eine derart elegante und überzeugende Lösung, Wohnungen von unangenehmen Gerüchen frei zu halten, dass sie auch in vielen Ländern übernommen wurde, die – anders als England – viel zu wenig Wasser haben. Die wenigen »fortschrittlichen« Stadtteile in vielen Entwicklungsländern verschwenden und verschmutzen seither mehr Wasser, als die Armen im Rest des Landes verbrauchen. Wasser wird der umkämpfte Rohstoff einer nahen Zukunft. Solange die Araber in Palästina nicht ebenso viel Wasserrecht haben wie die Juden, wird es dort keinen Frieden geben.

Druckabfall

In dem Altbau schienen Dusche und Hahn täglich müder zu fließen. Erst quoll es reichlich und lärmend, dann still, schließlich sehr leise, manchmal, morgens, wenn mehrere Parteien auf dieser Seite des Gebäudes Wasser brauchten, gar nicht mehr.

Die Hausverwaltung bestellte einen Installateur. Der kam mit einem Gehilfen und stellte fest: »Druckabfall!« Der gute Druck zu Beginn käme von den höheren Stockwerken. Die Rohre seien voll, was von unten nicht komme, würde von oben einströmen. Dann sei es aus damit, anscheinend fließe von unten zu wenig nach.

Der Fachmann ging in den Keller, betrachtete die Wasseruhr und die von ihr abzweigenden Leitungen, drehte kurz an den Absperrventilen, ob nicht eines zu sei. Kein Wunder, sagte er, diese Leitungen sind alt, sie sind zu gering dimensioniert, sie sind darauf zugeschnitten, dass es nur eine Toilette und ein Waschbecken in jedem Stockwerk gibt, nicht zwei Küchen, Bäder und WCs wie heute.

»Aber es ging doch lange Zeit gut!«

»Diese Leitungen verkalken. Sie sind alt. Man kann nichts machen, außer eine neue Leitung einbauen, eine größer dimensionierte, wie das heute üblich ist!«

Der Betrieb, aus dem der Techniker gekommen ist, macht einen Voranschlag über einige tausend Euro für eine neue Steigleitung.

Die Hausgemeinschaft ist schockiert. Ob es nicht billiger gehe, ob man nicht die Leitung reinigen könne?

»Man weiß nie, wo die Engstelle ist. Und Salzsäure darf man doch nicht in eine Trinkwasserleitung geben! Die Leitungen sind einfach zu alt, sie sind vielleicht schon fünfzig Jahre in dem Haus. Die müssen raus.«

Schließlich macht sich ein Student, Sohn der Familie im Erd-

geschoss, mit einer Schiebelehre auf die Suche. Er prüft alle Absperr-
ventile und entdeckt eines, das nicht ganz geöffnet ist. Die Spindel sitzt
fest. Er sperrt das Wasser und schraubt den Mechanismus ab. Überall
feiner Dreck. Er reinigt das Ventil, macht es mit einem Entkalker und
einem Tropfen Öl wieder gängig.

Auf der Ostseite des vierstöckigen Altbaus funktionieren wieder alle
Duschen, Bäder, Waschbecken.

Literatur

Abbot, Mike: Green Woodwork. Lewes: GMC Publications 1992. Deutsch: *Grünholz. Die Kunst, mit frischem Holz zu arbeiten.* Hannover 2001.

Andritzky, Michael (Hg.): *Oikos. Haushalt und Wohnen im Wandel. Von der Feuerstelle zur Mikrowelle.* Gießen 1992.

Asendorf, Christof: *Batterien der Lebenskraft. Zur Geschichte der Dinge und ihrer Wahrnehmung im 19. Jahrhundert.* Gießen 1984.

Barthes, Roland: *Mythen des Alltags.* Frankfurt/Main 1996.

Baudrillard, Jean: *Das System der Dinge. Über unser Verhältnis zu den alltäglichen Gegenständen.* Frankfurt/Main 1991.

Boehncke, Heiner, Bergmann, Klaus (Hg.): *Die Galerie der kleinen Dinge. Kleines kulturgeschichtliches ABC alltäglicher Gegenstände.* Zürich 1987.

Bütz, Richard: *Das große Buch vom Schnitzen.* Ravensburg 1987.

Giedion, Siegfried: *Die Herrschaft der Mechanisierung. Ein Beitrag zur anonymen Geschichte.* Frankfurt/Main 1982.

Herzog, Ulrich: *Fahrradheilkunde.* Ottersberg 1983.

Hoffman, Ot: *Ex und Hopp. Das Prinzip Wegwerf.* Gießen 1990.

Lee, Leonard: *The Complete Guide to Sharpening.* Newtown: Taunton Press 1995.

McLellan, Vin, Avery, Paul: *The Voice of Guns.* New York: Putnam 1977.

Pazzini, Karl-Josef: *Die gegenständliche Umwelt als Erziehungsmoment. Zur Funktion alltäglicher Gebrauchsgegenstände in Erziehung und Sozialisation.* Weinheim und Basel 1983.

Pye, Chris: *Woodcarving. Tools, Materials and Equipment.* Lewes: Guild of Master Craftsman Publications 1994.

Schmid, Alex P., de Graef, Janny: *Violence as Communication.* London: Sage 1982.

Selle, Gert: *Geschichte des Design in Deutschland.* Frankfurt/Main 1994.

Selle, Gert: *Siebensachen. Ein Buch über die Dinge.* Frankfurt/Main 1997.

Seymour, John: *Vergessene Künste.* Ravensburg 1985.

Seymour, John: *Das Leben auf dem Lande.* Ravensburg 1979.

Steffen, Dagmar (Hg.): *Welche Dinge braucht der Mensch? Hintergründe, Folgen und Perspektiven der heutigen Alltagskultur.* München 1994.

Thomas, Carmen: *Ein ganz besonderer Saft, Urin.* München 1994.

Wördehoff, Bernd: *Das gab's doch mal. Vielerlei Dinge, die aus unserem Alltag entschwunden sind.* Wien 1994.